MOI
AMBROSE
ROI
DU
SCRABBLE

À ma mère, Eleanor Nielsen, pour son amour inconditionnel; et parce qu'elle est la seule personne que je puisse battre au Scrabble à tous les coups.

Pour la présente édition:

18, rue Séguier - 75006 Paris
helium-editions.fr/
Loi n° 49 956 du 16 juillet 1949 sur les publications destinées à la jeunesse
N° d'édition: FI 092/5
ISBN: 978-2-35851-092-9
Dépôt légal: premier semestre 2012

Publiée en 2008 par Tundra Books

Conception graphique et couverture: les Associés réunis, Paris
Ilustration de couverture: Amélie Fontaine

MOI AMBROSE ROI DU SCRABBLE

(roman garanti 100 % sans cacahuètes)

Susin Nielsen

Traduit de l'anglais (Canada) par Valérie Le Plouhinec

hélium

1. L G R A E L E I

airelle, élargie, allégé, argile, glaire, légal, galère, lire, grill, gelé

ALLERGIE

Le jour où j'ai failli mourir, le ciel était d'un bleu vif et lumineux – ce qui nous changeait agréablement de la pluie, si fréquente ici, à Vancouver. Quelques nuages flottaient encore, mais loin, au-dessus des montagnes de North Shore.

J'étais installé à une table de pique-nique, dans la cour du collège, en train de déjeuner. Comme on était déjà mi-octobre, il faisait un peu frisquet pour manger en plein air, mais je préférais encore cela au réfectoire, qui était bruyant, bondé, voire dangereux pour ma santé si un élève me faisait un croche-pied. Parfois, on se sent plus seul au milieu de la foule que quand on n'a personne autour de soi, vous voyez ce que je veux dire ?

J'ai mordu dans mon sandwich, puis admiré mes pieds. Je portais mes baskets neuves. Seul un œil de lynx aurait pu deviner que ce n'étaient pas des Nike. Maman n'aurait jamais pu m'en payer, des Nike, mais elle m'avait emmené dans le quartier chinois pendant le week-end et c'est là que j'avais repéré ces copies pratiquement parfaites, pour un quart du prix.

Elles étaient classe, mes pompes neuves. Vraiment hyper classe. Toutes blanches, virgule bleu marine, lacets bleu marine assortis. Maintenant que j'y repense, j'avais peut-être eu tort de mettre mes chaussettes orange fluo avec, mais même ainsi elles étaient canon. Presque au point de me faire oublier mon pantalon, qui était carrément trop court, mais, comme maman aime à le répéter, l'argent ne pousse pas sur les arbres : le pantalon neuf, ce serait pour plus tard.

Sur le terrain de sport, Troy, Mike et Josh tapaient dans un ballon de foot. J'ai envisagé un instant de leur demander si je pouvais me joindre à eux, mais je me suis vite ravisé : la dernière fois que j'avais essayé, ils m'avaient collé dans les buts, puis m'avaient envoyé le ballon dans la tête, encore et encore, jusqu'à ce que j'aie le crâne en compote. J'ai donc décidé de ne pas bouger.

Le soleil était agréable et j'ai fermé les yeux. J'ai senti les rayons tièdes baigner mon visage et imaginé qu'ils effaçaient comme par magie les points noirs de mon nez.

Ensuite, le soleil s'est caché et quelque chose m'a durement cogné la tête. J'ai rouvert les yeux. La première chose que j'ai vue, c'est le ballon de foot qui roulait par terre. La deuxième, c'est trois paires de pieds chaussés de Nike.

J'ai relevé la tête. Troy, Mike et Josh, debout devant moi, me regardaient de haut. C'étaient eux qui me cachaient le soleil.

– Oups ! a fait Troy.

Massif comme un tronc d'arbre, il mesurait au moins une tête de plus que les deux autres. Il avait les cheveux noirs, courts, drus, et des yeux trop petits pour sa figure.

– Pas grave, ça arrive, ai-je dit (même si, à vrai dire, les collisions entre leur ballon et mon crâne « arrivaient » au moins trois fois par semaine).

– Tu manges quoi, Am-brosse ? s'est enquis Mike, que certains auraient décrit comme « râblé » et que moi, pour ma part, je n'hésite pas ici à qualifier de « gros ».

Ses cheveux à lui étaient châtains et bouclés, il avait l'air renfrogné en permanence, et son jean lui descendait très bas sur - ou plutôt sous - la taille, révélant douze bons centimètres de caleçon, ce qui, si j'ai bien tout compris, était censé lui donner un look non pas ridicule mais branché.

– Ambrose, l'ai-je corrigé. Sandwich au fromage, carottes, pomme...

– C'est naze, m'a coupé Mike.

J'ai ri. D'un rire qui ressemblait un peu à un hennissement, parce que, je dois l'avouer, je me forçais légèrement.

– Bah oui, ma mère est à fond dans la diététique...

– Eh, Am-brouille, c'est vrai que tu es allergique aux cacahuètes ? m'a demandé Troy sans transition.

– Ambrose. Oui, c'est vrai.

– Ça fait... quoi ? six ans que je suis dans cette école, a-t-il poursuivi. Pendant six ans, j'ai mangé des sandwiches confiture-beurre de cacahuète tous les jours au déjeuner. Tu te pointes, et *bim !* D'un coup, les cacahuètes sont interdites dans tout le bahut.

– Oui, je dois dire que ma mère ne rigole pas avec ça. Tu as déjà essayé le beurre d'amande ? Non parce que, tu sais, c'est presque aussi...

– Matez un peu ses grolles, a lâché Josh.

Celui-là était le plus petit des trois, mais il était costaud, sec et dur, et il avait le crâne rasé, avec une sorte de crête au milieu. En fait, c'était lui qui me fichait le plus la trouille.

Troy et Mike ont regardé mes pieds.

– Ike ? a lu Troy.

– Ça se prononce « Aïke », comme Nike, mais sans le N.

Troy a secoué la tête.

– T'es vraiment grave, toi.

Mon amour pour mes baskets neuves s'est soudain flétri.

– Ferme les yeux, m'a intimé Josh.

– Pourquoi ?

– Parce que.

Je n'étais pas très chaud pour obéir : la dernière fois que j'avais fermé les yeux à leur demande, j'avais trouvé un corbeau mort sur mes genoux en les rouvrant.

Mais c'est très difficile de dire non aux Trois Petits Cochons. C'est ainsi que je les appelais (uniquement dans ma tête, jamais à voix haute : je ne suis pas suicidaire). Troy, le chef, c'était Nouf-

Nouf, celui qui construit sa maison en brique ; Mike, Nif-Nif ; et Josh, Naf-Naf.

Ce qui n'était pas parfaitement logique, je vous l'accorde, car les Trois Petits Cochons sont des personnages plutôt gentils. Alors que Troy, Mike et Josh, pas du tout.

J'ai donc fermé les yeux et, pour passer le temps, j'ai cherché à combiner les lettres de « Trois Petits Cochons » pour voir quels nouveaux mots je pouvais former. J'ai trouvé *porcins*, *stress*, *pétrin*, *tripotes* et je venais de trouver *constipés* au moment où Josh a dit :

– O.K., tu peux les rouvrir.

Ce que j'ai fait. Il n'y avait rien sur mes genoux. J'ai tapoté mes cheveux. Rien. Pas de vers de terre, pas de crachats.

– Qu'est-ce que vous avez fait ?

Mais Troy m'a simplement donné une tape dans le dos, pas fort.

– À plus, Am-bryon.

– Ambrose, ai-je répondu. À tout à l'heure, en maths !

Et ils sont partis. J'ai repris une bouchée de mon sandwich en me disant que, tout compte fait, ma conversation avec Nif-Nif, Naf-Naf et Nouf-Nouf s'était plutôt bien passée. J'en étais même à songer que c'était peut-être un pas vers l'amitié, lorsque j'ai soudain ressenti des démangeaisons partout, suivies d'un resserrement distinct de ma gorge.

Je connaissais cette sensation. Cela faisait huit bonnes années déjà, mais je m'en souvenais bien. J'ai retiré la tranche de pain supérieure de mon sandwich, et comme de juste je suis tombé dessus.

Une cacahuète. Ou, pour être précis : une demi-cacahuète. L'autre moitié se trouvait dans mon tube digestif, et moi, j'entrais en choc anaphylactique. C'est-à-dire que toutes les muqueuses de ma gorge enflaient et que je ne pouvais plus respirer, ou presque. J'ai cherché mon auto-injecteur d'adrénaline avant de me rappeler que je ne l'avais pas sur moi. Il était dans un sac banane, dans mon casier, où je le cachais pratiquement tous les matins. Ma mère m'aurait tué si elle l'avait su, mais quand je portais la banane, les Trois Petits Cochons me traitaient de tapette parce qu'elle était rose bonbon : ma mère l'avait eue gratis dans un centre commercial de Kelowna, d'où nous avions déménagé deux mois plus tôt.

La piqûre qui aurait pu me sauver la vie se trouvait donc à l'intérieur, deux étages plus haut, et moi, j'étais dehors, dans la cour, en train de suffoquer. J'ai aperçu Troy, Mike et Josh qui me regardaient, écroulés de rire. Juste avant que tout ne vire au noir, j'ai visualisé le gros titre de mon avis de décès dans le journal : *UNE CACAHUÈTE TUE UN JEUNE ASOCIAL*. Et le sous-titre : *IL EST MORT LES IKE AUX PIEDS*.

2. GRROETPE

terre, opérer, goret, poète, péter, toge, père, regret, top, été

PROTÉGER

En fin de compte, je ne suis pas mort. En revanche, j'ai eu ce que le médecin a appelé une « expérience de mort imminente », ce qui paraît plutôt excitant vu de l'extérieur, je suppose - pourtant, je ne le recommanderais à personne.

Je n'ai pas vu de lumière éblouissante. Je n'ai pas vu Dieu, ni Allah, ni Bouddha. Ma vie n'a pas défilé devant mes yeux. En réalité, après être tombé dans les pommes, je n'ai rien vu du tout jusqu'au moment où le secouriste envoyé sur place m'a administré la première injection d'adrénaline, suffisante pour réveiller n'importe qui. Ensuite, j'ai dû perdre à nouveau connaissance, car lorsque j'ai repris mes esprits, je me trouvais dans un lit d'hôpital. Ma mère était assise à mon chevet, coiffée du grand chapeau orné d'une fleur que je lui avais acheté à Noël dernier chez Tout pour Rien. Cramponnée à ma main, elle pleurait à chaudes larmes.

J'ai voulu lui dire que je me sentais bien, que tout allait s'arranger, mais j'avais une sensation bizarre dans la gorge et je devais être assommé par les médicaments : aucun mot n'est sorti. Ce qui m'embêtait, car je voyais bien qu'elle était bouleversée.

J'aime beaucoup ma mère. Depuis le début de ma vie, elle a fait son maximum pour me protéger, et pas seulement contre les cacahuètes. Quand j'étais petit et que nous vivions encore à Edmonton, ma mamie Ruth disait toujours en plaisantant que notre maison était équipée comme un asile de fous : il ne manquait que les camisoles de force. Les prises électriques étaient obstruées par des bouchons de sécurité ; les médicaments et les produits d'entretien, enfermés sous clé ; les angles des tables, rembourrés avec des cubes de mousse ; tous les tiroirs et placards, équipés de dispositifs anti-ouverture. Nous avions même de gros clips en plastique pour bloquer le couvercle des toilettes, parce que maman avait peur que je ne me noie en tombant dans le trou.

Elle m'a obligé vingt mille fois à regarder une vidéo intitulée *Ne parle pas aux gens que tu ne connais pas*. Je n'ai jamais eu le droit de monter à une échelle ou de grimper aux arbres, ni de nager si elle n'était pas avec moi dans la piscine, et elle me prend encore par la main pour traverser les rues très passantes. C'est parfois un peu gênant, surtout lorsqu'elle injurie les chauffards depuis le trottoir, mais je sais qu'elle ne veut que mon bien.

Étant donné les efforts qu'elle avait toujours faits pour me protéger, j'avais décidé, lors de notre arrivée à Vancouver, deux mois plus tôt, que j'étais assez grand pour lui rendre la pareille. C'est pourquoi je lui avais raconté que tout se passait à merveille dans ma classe de cinquième du collège de Cypress ; que j'avais des copains, appelés Troy, Mike et Josh. J'ai bien vu à quel point cela lui faisait plaisir, parce qu'à Edmonton, à Regina et à Kelowna je n'avais jamais vraiment eu d'amis.

Et quel aurait été l'intérêt de lui dire que cette école était comme toutes les autres ? Que par beau temps les Trois Petits Cochons se contentaient de se moquer de moi, mais que dans les mauvais jours ils jetaient mon déjeuner dans les toilettes - et même, une fois, mon déjeuner *et* mon short de gym ?

Car, voyez-vous, j'avais appris à faire avec. Ce n'était pas la fin du monde. Et en plus, si j'avais dit la vérité à ma mère, elle aurait pété un plomb. Elle en aurait fait toute une histoire. Le principal du collège aurait été appelé, les parents d'élèves aussi... et une fois les choses un peu calmées, qui aurait dû se coltiner les conséquences ? Moi.

Et puis, pour être honnête, cela me remontait le moral de lui raconter, le soir en rentrant, des histoires qui donnaient l'impression que j'avais une vie sociale :

« On a fait un basket pendant la pause-déjeuner. »

« J'ai aidé Mike à faire ses maths après les cours. »

« Troy m'a invité à sa fête d'anniversaire, à Planète Laser. »

Ce dernier mensonge a failli se retourner contre moi, notez bien. J'avais choisi un centre de *laser game* parce que je savais que ma mère trouvait ce jeu violent et dangereux. Je me suis donc retrouvé tout bête quand elle m'a autorisé à y aller. Nous avons choisi un cadeau, et maman m'a accompagné en bus jusqu'à Planète Laser, ce qui a pris plus d'une heure, parce que le centre est à Pétaouchnok. Une fois là-bas, elle a voulu entrer pour faire connaissance avec la mère de Troy, mais je l'ai suppliée de renoncer, en prétextant que ce serait la honte pour moi. Elle a fini par battre en retraite.

J'ai passé les trois heures suivantes dans les toilettes du centre, car il pleuvait des cordes dehors. J'en ai profité pour lire le livre que nous avions acheté à Troy - *Le Prince des voleurs*, de Cornelia Funke -, et pendant un petit moment j'ai même réussi à me persuader que j'étais à Venise, lancé dans une incroyable aventure, et non perché sur un siège de toilettes dans une cabine malodorante.

Sur le chemin du retour, le bus était bondé et les gens étaient mouillés, si bien que l'air empestait l'humidité et les dessous de bras. Maman et moi avons dû rester debout à l'avant.

– Alors ? C'était comment ? m'a-t-elle demandé.

– Super. Notre équipe a gagné. J'ai touché Troy en plein cœur !

Elle a secoué la tête.

– Bouh, ça m'a l'air affreux, ce jeu. Tu n'as pas touché au gâteau, j'espère.

– Non, maman. Je n'ai mangé que le goûter que tu m'as donné.

Après ça, nous avons gardé le silence. J'ai regardé les gouttes de pluie glisser sur les vitres du bus comme autant de rivières miniatures, et jeté des regards discrets aux visages renfrognés qui m'entouraient.

Cette fois, le mensonge ne m'avait fait aucun bien. Il ne m'avait pas donné l'impression d'avoir une vie. Il m'avait seulement donné celle d'être un grain de poussière dans l'immensité de l'univers.

J'ai dû me rendormir dans mon lit d'hôpital, car lorsque je me suis à nouveau réveillé, j'ai entendu maman qui parlait avec un médecin dans le couloir. Sa voix était plus aiguë que d'habitude, au moins d'une octave. Je la voyais d'ici, avec son grand chapeau, agitant les bras, et j'ai éprouvé un pincement de pitié pour le docteur. Soudain, j'ai entendu, avec une netteté parfaite : « Ils ont glissé une cacahuète dans son sandwich ? *Ses camarades de classe ont VOLONTAIREMENT glissé une cacahuète dans son sandwich ?* »

Oh, non. Je me suis demandé qui avait osé dénoncer Nif-Nif, Naf-Naf et Nouf-Nouf. Un autre élève qui avait tout vu ? Ou bien, peut-être, un des Trois Petits Cochons en personne, dans un accès exceptionnel de remords ?

Alors un vague souvenir est remonté à la surface de mon cerveau, et j'ai poussé un gémissement. Une jolie infirmière était penchée sur moi lorsqu'on m'avait fait la deuxième piqûre d'adrénaline. Elle m'avait demandé ce qui s'était passé...

Et je lui avais tout dit. C'était moi. La balance n'était autre que moi-même.

Dans le couloir, ma mère s'égosillait toujours et, si fou que cela puisse paraître, sur le moment je ne me suis pas dit que j'avais de la chance d'être encore en vie.

Au contraire, j'ai pensé : *Pourquoi cette cacahuète ne m'a-t-elle pas tué ?*

Car je le savais, avec une certitude absolue - mes ennuis ne faisaient que commencer.

3. EHOSITIR

hostie, sortie, rose, orties, thé, rots, irisé, héros, short

HISTOIRE

J'avais trois ans lorsque nous avons découvert que j'étais allergique aux cacahuètes. À l'époque, nous vivions à Edmonton et ma mère avait décidé d'enseigner à temps partiel à l'université parce que nous arrivions à la fin des sous de l'assurance-vie. Elle m'avait inscrit dans une garderie dirigée par une femme appelée Betty Spooner (*presbyte, noyées, bérets, étrons, tétons, broyés, ysopet, opérés, ronéotype*). Je ne me souviens pas vraiment d'elle, sinon qu'elle était préhistorique : on lui donnait bien quatre-vingt-dix-sept ans, mais peut-être n'en avait-elle que soixante.

Betty Spooner n'était pas très au point sur la question des allergies chez l'enfant, vu que dès ma seconde semaine chez elle elle a servi à tout le monde des sandwiches confiture-beurre de cacahuète pour le déjeuner. J'ai pris deux bouchées du mien, et heureusement qu'elle a levé le nez par hasard du *soap opera* qu'elle regardait sur la petite télé en noir et blanc de sa cuisine : elle a remarqué que j'enflais comme un poisson porc-épic. Elle a appelé d'abord les secours, puis ma mère. À l'hôpital, les médecins ont dit à maman que j'étais gravement allergique aux arachides et que si jamais j'en remangeais ne serait-ce qu'une, la réaction risquait d'être encore plus violente. C'est là qu'on m'a donné mon auto-injecteur d'adrénaline et un bracelet Médic-Alerte que je trouvais très chic autrefois, mais que je déteste aujourd'hui.

Bref, je ne suis pas retourné chez Betty Spooner. Ce soir-là, j'ai entendu maman lui hurler dessus au téléphone et la traiter de demeurée, ce qui, quand on y pense, était un peu injuste. Betty ne pouvait pas savoir, mais ma mère... enfin bon, c'est ma mère. Après l'incident, elle n'a plus jamais voulu que quelqu'un d'autre s'occupe de moi. Elle a cessé de travailler pour rester à plein temps à mes côtés jusqu'à ce que j'entre à l'école.

Mais même lorsqu'elle me gardait à plein temps, elle voyait du danger partout. J'ai un souvenir très net d'un jour où je suis allé au square en bas de chez nous, celui où il y avait une cage à singes rouillée ; un vieux bonhomme, assis sur un banc, donnait aux écureuils des cacahuètes avec leurs coquilles. J'ai ramassé une coquille et je l'ai portée à ma bouche. Maman me l'a arrachée de la main juste à temps, après quoi elle a fait au vieil homme un long sermon sur l'allergie à l'arachide - et le vieux a fini par la traiter de *puta*. (J'ai appris beaucoup plus tard que cela signifiait « prostituée ». Ce qu'elle n'est pas, loin de là : elle n'a même pas un homme dans sa vie.)

À la suite de tout ça, elle m'a acheté un harnais pour enfants, que je devais porter partout où nous allions. Je me revois encore courant dans la rue, ou dans un centre commercial, et arrêté net dans mon élan quand j'arrivais au bout de ma laisse. Je me souviens aussi de maman se disputant avec des inconnus qui trouvaient cruel de tenir un enfant en laisse. Lorsque cela arrivait, je faisais le chien et j'aboyais : en général, cela suffisait à les faire partir. Un jour, j'ai même léché la main de maman, mais elle n'a pas trouvé ça drôle.

Mamie Ruth, qui venait encore souvent nous rendre visite à l'époque, ne supportait pas de me voir avec ce harnais. Maman et elle se querellaient à ce propos quand elles me croyaient endormi.

– C'est mauvais pour lui, Irène. Je sais que tu veux le protéger, mais là, tu vas trop loin.

– Je t'en prie, maman, lâche-moi un peu. C'est pour sa sécurité que je fais ça.

J'adorais Mamie Ruth, avec ses cheveux blancs légers comme

des plumes et ses survêtements de couleurs vives, mais j'adorais aussi ma maman, et leurs disputes me donnaient mal au ventre.

Cette bataille-là, Mamie Ruth ne l'a pas gagnée. J'ai continué à porter le harnais.

Jusqu'à mon entrée en maternelle.

Cela dit, au cas où je donnerais l'impression que ma mère est cinglée, sachez que ce n'est pas le cas. Enfin, pas trop.

Elle est même passée à deux doigts d'être une maman normale, et nous sommes passés à deux doigts d'être une famille normale, avec deux parents et moi, et, allez savoir... peut-être un frère ou une sœur, ou au moins un animal de compagnie.

Mon père et ma mère s'aimaient beaucoup. Lui, c'était un bel Australien bronzé qui était venu au Canada avec un visa de travail. Il s'était rendu tout droit à la station de sports d'hiver de Banff pour être moniteur de ski ; au départ, il ne comptait rester qu'un an. Ma mère, elle, était toute menue, avec de longs cheveux châtains tirés en queue-de-cheval et des lunettes de grand-mère qui lui donnaient l'air plus sérieux et plus âgé que ses vingt-cinq ans. Elle venait d'obtenir son doctorat de littérature anglaise à l'université de Calgary, où elle avait rédigé une thèse intitulée « Les effets d'une enfance isolée sur l'imagination des sœurs Brontë ». Des extraits de cette thèse ont été publiés dans je ne sais quelle revue, même si (sans vouloir vexer ma mère) ça ne m'a pas l'air très palpitant, comme sujet.

Elle était allée passer une semaine à Banff avec une copine pour décompresser et fêter son diplôme, et c'est là qu'elle a rencontré mon père, un soir, dans un bar. D'après elle, il n'était pas du tout son type. « J'avais tout dans la tête, et lui tout dans les muscles », disait-elle. Elle souriait quand je lui demandais de raconter l'histoire, ce que je faisais souvent.

Et pourtant, ils sont tombés fous amoureux. Quelques mois plus tard, mon père déménageait à Calgary, et ils se sont mariés peu après. Ils ont loué une petite maison à trois rues de chez Mamie Ruth. Maman s'est mise à enseigner la littérature anglaise à plein temps à l'université, et elle comptait être titularisée dans les deux ans. D'après ce que j'ai compris, « être titularisée » signifiait qu'on avait un travail à vie. Papa, de son côté, n'avait aucun mal à trouver du boulot dans le bâtiment.

Deux ans plus tard, maman est tombée enceinte. Il paraît que mon père me parlait tous les soirs dans son ventre et que je « répondais » en lançant des coups de pied.

Elle était enceinte de sept mois lorsqu'elle a reçu un coup de fil du chef de chantier. Papa s'était effondré au travail. Comme ça, pouf ! Il était tombé d'un coup. Une ambulance était venue le chercher. Maman a conduit le plus vite possible jusqu'à l'hôpital, mais le temps qu'elle arrive il était « DAA ».

Décédé à l'admission.

Apparemment, il était même décédé dès le départ... mort en touchant le sol. Depuis le début, il avait un anévrisme (*résine, rami, âme, évier, navrés, veines, aimées, navires, manières, enivrâmes*) dans le cerveau, un petit vaisseau sanguin qui enflait lentement comme un ballon de baudruche. Ce jour-là, il a éclaté.

Si bien que je n'ai jamais connu mon père, ni personne de son côté de la famille, d'ailleurs. Ses parents étaient morts quand il était jeune. Il avait un grand frère en Australie, mais je suppose que ma mère et lui se sont perdus de vue, car nous n'avons jamais eu de ses nouvelles.

J'ai beaucoup de photos de mon père, presque toutes prises par ma mère. Elle parle volontiers de lui, mais seulement si je le lui demande. Mamie Ruth aussi aime bien me parler de lui, mais comme nous avons déménagé à Edmonton (dans l'État de l'Alberta) quand j'avais deux ans, puis à Regina (dans le Saskatchewan) quand j'en avais cinq, puis à Kelowna (en Colombie-Britannique) quand j'en avais neuf, puis à Vancouver cet été, juste après mes douze ans, je la vois rarement. Elle est bien venue nous rendre visite de temps en temps, mais pas plus d'une fois par an, car elle n'aime pas l'avion.

La dernière fois que je l'ai vue, nous habitions encore à Kelowna, où maman était chargée de cours à l'université d'Okanagan. La dernière nuit, je les ai entendues se disputer.

– Irène. Trop, c'est trop, disait Mamie Ruth. Il faut que tu tournes la page et que tu cesses de vivre dans le passé.

Maman lui a rétorqué que c'était ce qu'elle faisait, qu'elle faisait de son mieux, et qu'elle en avait assez que Mamie la juge en permanence.

Alors je ne sais pas. C'est peut-être aussi pour ça que Mamie Ruth ne vient plus nous voir.

En mettant bout à bout les petites choses que j'ai entendues et les divers indices que j'ai rassemblés, je me dis que maman devait être très différente quand papa était encore en vie. Mais je ne l'ai connue que « PDP » - Post-décès de papa. C'est la seule version d'elle qui me soit familière, et c'est une version que j'aime beaucoup.

Je sais aussi qu'elle m'aime à la folie. J'ai donc eu du mal à imaginer ce que cela a dû être, pour elle, de recevoir ce dernier coup de téléphone. Parce que entendre « votre fils est à l'hôpital », cela doit faire beaucoup penser à « votre mari est à l'hôpital ».

Et ça, nous savons tous comment cela s'est terminé.

4. ERABMSO

sombre, arômes, ambrés, sobre, ombres, sabre, robes, armes, amers

AMBROSE

C'est de là que je tiens mon prénom. Ambrose. C'était celui de mon père. Cela vient du grec *ambrotos*, qui signifie « divin, immortel ».

Un jour, j'ai fait remarquer à ma mère l'ironie de tout cela.

– C'est plutôt marrant, non ? ai-je dit. Vu que, clairement, papa ne l'était pas. Immortel, je veux dire.

Maman n'a pas trouvé ça drôle du tout.

5. M A E D E Q S U

amusée, usa, médusé, musée, dames, usée, émues, desquamé

DÉMASQUÉ

– Vous auriez pu le tuer.

Sa voix était calme, mais d'une manière effrayante, comme sur le fil du rasoir, tout au bord de l'explosion. Ma mère portait son plus beau tailleur, le bleu marine qu'elle a acheté dans une vente de charité lorsque nous vivions encore à Regina. Les boutons dorés de la veste lui donnaient une allure chic et professionnelle à la fois. J'étais assis à côté d'elle sur une chaise à dossier droit, et comme moi aussi je voulais avoir l'air professionnel, j'avais mis mon pantalon marron (celui qui me serrait un peu à l'entrejambe) avec une chemise à rayures bleues et blanches trouvée dans une friperie. Elle était trop grande de deux tailles, mais quand même, elle présentait bien.

Troy, Mike et Josh étaient assis en face de nous, serrés sur le canapé du bureau du principal - un vieux canapé écossais qui diffusait une odeur bizarre. Pour leur part, ils n'avaient fait aucun effort vestimentaire. Entre nos deux camps, notre principal, M. Acheson, trônait derrière sa table de travail. Il avait un physique d'ancien athlète qui serait devenu plutôt ramollo et presque chauve. Il portait une de ses célèbres cravates fantaisie, celle avec les grenouilles danseuses. Je crois que dans son esprit ces cravates étaient censées le rendre sympathique auprès des élèves.

C'était raté.

J'étais sorti la veille de l'hôpital. Physiquement, j'étais encore un peu secoué, mais ça allait. Mentalement, j'étais en ruine.

– C'était pour lui faire une blague, a dit Troy en me fixant de ses petits yeux comme s'il avait envie de m'écrabouiller.

Ma mère s'est raidie.

– Une blague. Donc, ton idée de l'humour, c'est de risquer la vie d'un ami.

– On ne l'a pas fait exprès, a plaidé Mike.

Mais maman l'a foudroyé du regard.

– *Pas fait exprès ?* a-t-elle répété d'une voix de plus en plus haut perchée. Vous trois, vous avez volontairement caché une cacahuète dans le sandwich de mon fils alors que vous savez pertinemment qu'il est allergique à l'arachide. Il faut être complètement demeuré et sans cœur pour…

– Mademoiselle Bukowski, a dit le principal. Calmez-vous, je vous en prie.

– *Madame* Bukowski. Me calmer ? Mon fils a failli être tué et vous me demandez de me calmer, b… el de Dieu ?

Oh là là. Depuis le début, je croisais les doigts pour que maman ne se mette pas à jurer comme un charretier.

– Je pourrais traîner ces trois abrutis devant les tribunaux, ce ne sont pas les chefs d'accusation qui manquent : coups et blessures, mise en danger de la vie d'autrui, non-assistance à personne en danger…

– Mademoiselle Bukowski, a répété le principal d'une voix ferme.

– *Madame* Bukowski.

– Si vous réitérez ces menaces, je vais devoir appeler les parents des garçons, ainsi que le directeur de la cité scolaire.

Et là, miracle : maman s'est tue. Un silence gêné s'est attardé un moment.

– Les garçons, qu'avez-vous à dire pour votre défense ? leur a demandé M. Acheson.

– On croyait qu'il exagérait, a dit Josh.

– Ben oui, comment on aurait pu savoir qu'il était sérieux ? a ajouté Mike.

– Parce que c'est votre ami ! a crié maman.

Troy a eu un petit rire dédaigneux. Je me suis enfoncé dans mon siège.

Maman l'a dévisagé.

– Qu'est-ce que ça voulait dire, ça ?

– Rien, a marmonné Troy.

– Si, j'aimerais savoir.

– C'est pas notre ami, a-t-il lâché.

Maman a secoué la tête.

– Si Ambrose n'est pas ton ami, pourquoi l'as-tu invité à ton anniversaire ?

Qu'est-ce que je vous avais dit ? Les ennuis ne faisaient que commencer. Une avalanche d'ennuis. Badaboum.

Troy a cligné des yeux sans comprendre.

– C'est en mars, mon anniversaire.

Maman m'a regardé, mais j'ai fait semblant d'avoir trouvé quelque chose de passionnant à observer sur mes Ike.

– Vous voyez ? C'est rien qu'un gros menteur, a dit Mike.

– Allons, les garçons... a tenté M. Acheson.

– Il nous a raconté que ses parents étaient richissimes, et que s'il allait à l'école publique, c'était uniquement parce qu'ils voulaient qu'il fréquente des ados ordinaires, a révélé Troy.

– Et que vous passiez vos week-ends dans un chalet à la montagne, a ajouté Josh.

Puis c'est Mike qui en a remis une couche.

– Mais on n'y croyait pas, vu comment il s'habille, déjà...

– Pantalons feu de plancher et fausses Nike.

– Ouais, s'il a tellement de blé, comment ça se fait qu'il se trimballe avec un sac banane rose bonbon ?

D'accord, j'avoue, j'avais pris quelques libertés avec la vérité. Mais il faut dire que l'honnêteté ne m'avait jamais vraiment rendu service dans mes autres écoles. J'avais donc décidé d'essayer quelque chose de nouveau, pour cette fois.

– Du coup, on a cru que son histoire de cacahuètes était un mensonge de plus, a dit Troy. Vous voyez, quoi, encore un bobard pour faire son intéressant. On a voulu lui faire comprendre qu'on gobait pas ses salades, en fait.

Ma mère était sans voix. Je sentais son regard peser sur moi, mais j'ai gardé les yeux rivés sur mes baskets, comme si j'avais pu faire apparaître un N par la seule force de ma volonté.

M. Acheson a fini par rompre le silence.

– Mademois... Madame Bukowski. C'est un incident profondément regrettable, et nous sommes absolument navrés de ses conséquences. Chacun de ces garçons a été sévèrement réprimandé, et leurs parents ont été informés. Ils sont aussi condamnés à nettoyer le réfectoire pendant un mois et savent que si jamais une affaire semblable, même moins grave, se reproduisait, ils seraient immédiatement exclus. Mais après avoir entendu leurs arguments, je ne vois pas bien ce que nous pourrions faire de plus.

J'ai attendu qu'une nouvelle bordée d'injures surgisse des lèvres de ma mère. Mais elle s'est simplement levée.

– Merci de m'avoir accordé cet entretien, a-t-elle dit en chassant une mèche de son visage.

Et elle est sortie.

Sans moi.

Je suis resté là un moment, sans savoir quoi faire.

– Sans rancune, les gars, ai-je fini par lancer.

J'ai tenté un sourire décontracté, mais ils m'ont fixé comme si j'étais un imbécile fini. Même M. Acheson avait l'air gêné pour moi.

Je me suis donc levé, décidant que je pouvais au moins sortir la tête haute, mais une de mes jambes avait dû s'engourdir, car elle a cédé sous mon poids et j'ai failli me casser la figure. Je me suis rattrapé au bord du bureau de M. Acheson, renversant son pot à crayons. J'ai commencé à ramasser les crayons, mais il m'a dit - assez sèchement, ai-je trouvé :

– Laisse, je vais le faire.

Je suis donc sorti du bureau en traînant ma patte molle derrière moi. Et en me sentant comme le plus gros nullard du monde.

6. A H U M E R L

rhume, merlu, mal, hurla, harem, mule, ému, rue, larme

MALHEUR

J'ai dû courir derrière ma mère sur pratiquement tout le trajet du retour, ce qui n'était pas facile, avec ma jambe toujours engourdie. Heureusement, comme nous n'habitons qu'à trois rues du collège, nous n'avons pas mis longtemps à regagner notre maison.

Ou plutôt, notre sous-sol. Nous louons en effet le sous-sol d'une maison de Kitsilano, un quartier situé dans l'ouest de Vancouver, non loin d'une ligne de bus directs pour l'université où maman travaille.

Nous nous sommes installés ici lorsqu'elle a décroché son nouveau boulot. Elle est ce qu'on appelle « chargée de cours » à l'université de Colombie-Britannique. Cela signifie qu'elle donne des tas de cours tout en n'étant pas réellement embauchée. Comme partout où nous avons habité. Chaque fois, elle espère être engagée à plein temps, et chaque fois cela n'arrive pas.

J'aime bien notre nouveau quartier. Nous vivons sur la Septième Avenue Ouest, à deux minutes de marche de Broadway - la grande avenue commerçante - et à vingt minutes de Jericho Beach, un des plus beaux parcs que je connaisse. Nous y sommes allés le lendemain du déménagement : c'était la première fois que je voyais l'océan Pacifique. Que je voyais l'océan tout court, d'ailleurs.

La maison dans laquelle nous vivons appartient à M. et Mme Economopoulos, un couple de Grecs très gentils qui habitent à l'étage. Dans la petite annonce, notre logement n'était pas appelé « sous-sol », mais « 3 pièces en rez-de-jardin ». Maman les a un peu embêtés là-dessus quand nous sommes venus visiter, et pourtant ils ont tout de même accepté de nous prendre comme locataires. Sans vouloir me vanter, je crois que c'est un peu grâce à moi. Mme Economopoulos, qui est dodue, sent le pain frais et porte des robes informes avec des mi-bas couleur chair qui s'arrêtent sous le genou, m'a beaucoup pincé les joues ce jour-là et n'a pas arrêté de répéter que je lui rappelais son petit dernier, Cosmo, au même âge.

– Un très beau garrrçon, a-t-elle précisé en roulant les *r*.

Après quoi ses yeux se sont mouillés de larmes, elle m'a de nouveau pincé les joues, et elle a dit à ma mère que nous pouvions emménager tout de suite si le logement lui convenait, et qu'elle lui ferait même une ristourne de cinquante dollars sur le loyer.

J'aime bien leur maison. Elle est en stuc blanc, entourée d'une clôture basse en fer forgé. Dans le petit jardin de devant, il y a une baignoire à oiseaux au milieu d'un grand parterre de fleurs, dont Mme E (j'abrège son nom, sinon on ne s'en sortira jamais) dit qu'il sera plein de roses au printemps. À l'arrière, le jardin est encore plus grand, et occupé sur un tiers par les plants de tomates de M. E, protégés par une immense bâche en plastique. La cuisine donne sur une terrasse en bois, où M. E fait des barbecues par tous les temps.

La porte qui mène chez nous se trouve sur le côté, et nous avons notre propre allée pour la rejoindre.

Notre sous-sol n'est pas aussi grand que notre appartement de Kelowna, ni aussi lumineux que celui de Regina, mais, comme le souligne maman, les loyers étaient moins élevés là-bas, si bien qu'on en avait plus pour son argent. Nous avons deux chambres, un salon-cuisine et une grande salle de bains. Maman a couvert les murs du salon de ses photos. Elle s'intéressait pas mal à la photo du vivant de papa, et grâce à ces clichés, qui représentent principalement des arbres, des fleurs et des plages, nous nous sentons partout chez nous, où que nous habitions.

L'un dans l'autre, c'est un endroit agréable, et pour l'instant nous n'avons eu qu'une inondation. Lorsque c'est arrivé, les

Economopoulos ont été très gentils : ils ont tout fait nettoyer pour nous, et nous avons même passé deux nuits dans leur chambre d'amis. C'était amusant, parce que le premier soir Mme E nous a préparé un énorme dîner grec, avec des souvlakis, de la moussaka et même un fromage auquel on met le feu avant de le manger. Maman lui a fait jurer sur sa statuette de la Vierge Marie qu'il n'y avait pas un atome de cacahuète dans tout cela, après quoi j'ai eu le droit de m'empiffrer autant que je le voulais. Franchement, c'était fameux, et sans vouloir vexer ma mère, Mme E cuisine bien mieux qu'elle. Les Economopoulos nous ont raconté des tas d'histoires sur leur enfance en Grèce et sur la boulangerie qu'ils ont eue jusqu'à ce qu'ils prennent leur retraite, l'an dernier. Mme E traduisait pour moi les propos de son mari, qui ne parle toujours pas très bien notre langue alors qu'il vit ici depuis plus de trente ans. C'était marrant comme tout. Cela peut vous paraître bizarre, mais je me sentais presque plus chez moi que quand j'étais à la maison.

Le seul moment pas trop amusant de la soirée a été celui où les adultes sont passés au salon pour boire le café après le dîner. M. E était assis dans son fauteuil préféré, un gros siège inclinable et rembourré, tout en cuir. Mme E et moi, nous étions sur le canapé, qui est couvert d'une housse en plastique et fait des « prout » chaque fois que quelqu'un bouge. Maman, restée debout, regardait des photos encadrées de leurs enfants, qui couvraient tout un mur.

– Vous avez trois enfants ? a-t-elle demandé.

– Oui. Vivian, c'est l'aînée, elle a trois enfants, mariée à un docteur, a répondu Mme E, rayonnante de fierté, avant de désigner ses pieds. Podologue. Il gagne bien sa vie en faisant les pieds. Nick, c'est le deuxième, il a vingt-six ans. Il travaille beaucoup, vend des voitures. Un très bon garçon.

– BMW, Lexus, a précisé M. E.

Il y a eu un court silence, après quoi maman a demandé :

– Et votre dernier ?

– Cosmo, a dit Mme E.

Alors, soudain, ses yeux se sont emplis de larmes comme le jour où elle m'avait pincé les joues, et son mari s'est mis à parler très fort en grec.

– Pardon, a dit maman. Je ne voulais pas vous contrarier.

– Il est mort ? j'ai demandé.

Maman m'a fait les gros yeux, ce que j'ai trouvé injuste, car je savais bien que la question lui brûlait les lèvres, à elle aussi.

– Non, a répondu Mme E. Il est en prison.

Alors M. E lui a crié quelque chose, toujours en grec, et il est sorti de la pièce comme une furie.

– Mon mari, il est fâché. Il croit que vous allez penser du mal de nous, à cause de Cosmo.

– Quelle idée ! Bien sûr que non, a dit maman, mais sur un ton qui sonnait un peu faux.

– Pourquoi il est en prison ?

À voir la tête de ma mère, on aurait pu croire que je venais de demander la couleur de la petite culotte de Mme E. Celle-ci s'est mise à pleurer et maman m'a refait les gros yeux.

– Ambrose, cela ne te regarde pas, m'a-t-elle dit.

Mais allez, quoi, soyons sérieux ! Je sais bien qu'elle aussi mourait d'envie de le savoir.

Enfin bref, tout le monde a fini par se calmer et nous avons repris du dessert. Ensuite, nous avons regardé *Pékin Express*, une des émissions préférées de M. E. Maman avait essayé de prendre congé avant le début, mais moi, j'ai mangé mon dessert très, très, très lentement, parce que j'avais entendu des élèves parler de ce jeu mais je ne l'avais jamais vu (même si cela passait depuis des années). C'était super ! Passionnant du début à la fin. Même maman, qui refuse de faire installer le câble chez nous parce qu'elle prétend que la télé est une perte de temps abrutissante, s'est laissé absorber par l'action. M. E a passé son temps à invectiver les concurrents, en grec.

Finalement, nous sommes tous allés nous coucher. Les Economopoulos nous ont donné l'ancienne chambre de Vivian, où il y avait des lits jumeaux. Les étagères étaient couvertes d'une énorme collection de poupées Barbie.

J'ai reposé la question à ma mère.

– À ton avis, pourquoi leur fils est-il en prison ?

– Je n'en ai pas la moindre idée.

Nous sommes restés allongés sans rien dire dans le noir pendant quelques minutes.

– Et si c'était un assassin et qu'il s'évadait pour rentrer chez lui retrouver les bons petits plats de sa mère ? Qui sont fameux, soit dit en passant.

J'ai eu un petit renvoi accompagné d'un goût de moussaka mêlé à celui du dentifrice, ce qui n'est pas aussi mauvais que ça en a l'air.

Pour toute réponse, j'ai eu droit à un doux ronflement.

À notre retour de la réunion dans le bureau du principal, les Economopoulos prenaient le frais sur leur terrasse.

– Bonjour, Irène. Bonjour, Ambrose.

– Bonjour, monsieur et madame E, ai-je répondu.

Maman s'est contentée d'un signe de la main et a continué d'avancer vers notre porte. Au fil des années, j'ai remarqué qu'elle ne sympathisait pas trop avec nos propriétaires. Lorsque nous sommes entrés, elle n'a rien dit de plus. Elle a simplement ouvert une bouteille de vin et commencé à préparer le dîner. Alors moi, je suis allé dans ma chambre.

Celle-ci se trouve côté jardin de derrière, si bien que par mon soupirail je vois de l'herbe et, en me mettant debout sur mon lit, je peux apercevoir les plants de tomates de M. E. J'ai des étoiles phosphorescentes partout au plafond ; je commence d'ailleurs à me dire que c'est peut-être un peu puéril, mais j'aime toujours les contempler après avoir éteint la lumière. Ce qui est totalement puéril, en revanche, c'est mon couvre-lit, orné d'images de Buzz l'Éclair dans *Toy Story*, mais maman dit que nous n'avons pas les moyens de le remplacer pour le moment. Dans un coin, il y a un petit bureau peint en blanc, prêté par les Economopoulos. Sur ce bureau, deux gros bocaux. L'un est plein de capsules de bouteilles, que je collectionne. J'ai réussi à en trouver de très rares, peut-être parce que je regarde toujours par terre quand je marche. L'autre est au quart rempli de pièces de vingt-cinq cents. Je les mets de côté depuis que je suis tout petit, et chaque fois que le bocal est plein, ma mère et moi versons l'argent sur un compte en banque spécial, pour me payer l'université plus tard.

Ma chambre n'a pas de porte, mais nous avons acheté un de ces rideaux de perles multicolores en plastique qu'on suspend au plafond, vous voyez ? Et qui cliquettent chaque fois qu'on entre ou qu'on sort de la pièce.

J'ai un grand poster de la Lune au-dessus de mon lit et un corps humain grandeur nature sur le mur d'en face. Ma seule autre photo est encadrée sur ma table de chevet. On y voit mon père, photographié par maman quelques mois seulement avant sa mort. Il regarde droit vers moi, les yeux plissés par un énorme sourire. Maman dit que c'est parce qu'elle venait de lui raconter une blague, mais quand je lui demande laquelle, elle prétend qu'elle ne s'en souvient pas.

Il était très beau, mon père. Il avais les cheveux épais, châtains, la peau bronzée, un corps musclé, et il était très grand : un mètre quatre-vingt-dix, soit trente bons centimètres de plus que maman. Elle m'a dit un jour qu'il l'appelait « la puce », mais quand j'ai tenté de faire de même, elle m'a demandé de cesser.

De temps en temps, je m'observe longuement dans la glace de la salle de bains pour tâcher de trouver des points de ressemblance avec lui. Mais je ne peux pas imaginer que mon père ait jamais été petit, maigrichon ou ait eu les genoux cagneux, ni que ses cheveux aient eu un épi sur le devant, ou que son nez ait été trop gros pour sa figure, comme le mien. En ce qui concerne le physique, je dois avoir des gènes très récessifs.

Mais revenons à nos moutons : j'ai rapidement salué de la main la photo de mon père, comme je le fais toujours en entrant dans ma chambre. Cela peut sembler idiot, mais tout au fond de moi je sais qu'il me voit lui faire signe et qu'il aimerait être là pour me regarder grandir, jouer au base-ball avec moi, et me parler des filles, de la puberté et de ce qu'on peut faire de ses érections (*citerne, crétine, cintrée, cornet, recoin, tiercé, coït*), dont j'ai déjà fait l'expérience une bonne douzaine de fois. À ce propos, heureusement que les garçons peuvent toujours cacher le devant de leur pantalon avec un cahier pour traverser une pièce. Et ne me lancez pas sur le sujet des cartes de France.

En tout cas, même s'il n'est pas là physiquement, moi, je pense que papa nous voit.

Et je sais qu'il aime maman. Et je sais qu'il m'aime aussi.

Après le dîner, j'ai fait la vaisselle pendant que ma mère buvait son troisième verre de vin en réglant des factures. Je l'ai entendue parler toute seule et pousser quelques jurons. Les factures lui font toujours cet effet-là.

Elle n'avait toujours pas lâché un seul commentaire sur la réunion au collège. Quand nous avons eu tous les deux terminé, elle a sorti la boîte de Scrabble, ce qui était bon signe : elle se comportait comme d'habitude.

Il n'y a pas beaucoup de choses pour lesquelles je suis doué. Je suis assez bon élève, mais pas exceptionnel. Je suis nul en sport. Ma mère, à une époque, a raclé les fonds de tiroir pour me payer des leçons de trombone à coulisse, mais les sons que je tirais de cet instrument étaient tellement insupportables que nous avons abandonné au bout de trois mois.

Mais au Scrabble, là, oui, je suis bon. D'ailleurs, ma mère m'appelle « le roi du Scrabble », parce que je la bats à tous les coups. Elle trouve cela globalement amusant, mais aussi un peu agaçant.

– Et dire que c'est moi qui ai un doctorat de littérature anglaise, soupire-t-elle volontiers.

Ce soir-là n'a pas fait exception à la règle. J'ai posé les mots JUGULE, NEZ (mot compte triple), et MEMOIRE devant un S, ce qui m'a rapporté cinquante points de bonus, car j'avais utilisé toutes mes lettres. Mais mon moment préféré de la partie s'est produit tout au début. J'avais pioché une série de lettres horrible : HPYKIET. Je les ai contemplées longuement, déplaçant mes jetons dans tous les sens, et juste au moment où maman commençait à s'impatienter et à tambouriner du bout des doigts sur la table (un réflexe très pénible et contraire à nos règles familiales), soudain, je l'ai vu : PYTHIE. Et je l'ai posé sur une case « mot compte double » en l'accrochant à un S. Résultat : quarante-deux points d'un coup.

Plus tard, alors que nous étions en train de ranger le jeu, maman m'a demandé :

– Qu'est-ce que tu as fait du livre ?

– Quel livre ?

– Celui que nous avons acheté pour l'anniversaire de Troy. *Le Prince des voleurs.*

Ah. Ce livre-là.

– Je l'ai laissé à Planète Laser.

Elle a hoché la tête.

– Et qu'est-ce que tu as fait, là-bas, pendant trois heures ?

– Je l'ai lu aux toilettes. C'était très bien, d'ailleurs.

Elle a reposé la boîte du Scrabble sur l'étagère et versé le reste du vin dans son verre.

– Excuse-moi, maman. Je ne sais pas pourquoi je t'ai menti. C'est juste que... être nouveau au collège, ce n'est pas facile, et j'ai pensé que si je me faisais passer pour quelqu'un... quelqu'un de... je ne sais pas...

– Quelqu'un d'autre ?

Je n'ai pas répondu.

Elle a soulevé son verre de vin.

– Je crois que je vais aller lire au lit, a-t-elle dit.

– D'accord.

Mais je savais que cette conversation n'était pas terminée. Et j'avais raison.

7. BICIMLEE

milice, ciel, blême, clé, cible, blêmie, limbe, élimé

IMBÉCILE

Le dimanche suivant, nous avons fait une balade à pied jusqu'à Granville Island, sur le bras de mer qui s'enfonce dans la ville. Le ciel était couvert, mais il ne pleuvait pas.

J'aime Granville Island, même si ce n'est pas tout à fait une île puisqu'un pont autoroutier la traverse de part en part. C'est un endroit joyeux. Maman et moi avons acheté des pommes fraîches au grand marché couvert et des pizzas individuelles dans notre boulangerie préférée. Nous les avons mangées au bord de l'eau en regardant les Aquabus : de drôles de petits bateaux qui font traverser le détroit aux piétons.

C'est là que la conversation de la semaine précédente a repris.

– Le système scolaire traditionnel n'a pas l'air de te réussir, a dit maman.

– Dis donc, je te remercie !

– Ce n'est pas une critique. Juste une observation. Beaucoup de gens célèbres ne se sont jamais bien adaptés dans le système scolaire.

– Ah oui ? Qui ça ?

– Les sœurs Brontë, par exemple.

J'ai soupiré. Il n'y a que ma mère pour considérer les sœurs Brontë comme des célébrités.

– Et Einstein, a-t-elle poursuivi. Il se retrouvait toujours au coin avec un bonnet d'âne.

– Tu inventes.

Elle a souri.

– Et Nelson Mandela, il était puni toutes les semaines. Gandhi, aussi, a fait un paquet d'heures de colle.

Ça m'a fait pouffer. J'ai lancé un morceau de ma pizza à une bande de mouettes rieuses.

– Je suis allée voir M. Acheson hier, m'a-t-elle alors annoncé.

– Ah bon !? À quel moment ?

– Pendant que tu aidais M. Economopoulos à ranger son garage.

Il m'arrivait en effet d'aider le propriétaire le week-end, contre un peu d'argent de poche : tantôt je tondais son gazon, tantôt j'effectuais divers petits travaux.

– Nous avons passé en revue différentes solutions, et il a suggéré l'enseignement par correspondance.

– Par correspondance ? Qu'est-ce que c'est que ça ?

– En gros, un institut d'enseignement à distance t'envoie le programme, les exercices, etc., et tu travailles à la maison.

– Sans personne pour me faire cours ?

– Eh bien, ce serait sous ma supervision. Et tu pourrais dialoguer avec un professeur par Internet.

– Mais on n'a pas d'ordinateur.

Maman est contre les ordinateurs en général et contre Internet en particulier. Elle dit que c'est un repaire de pornographes et de pédophiles. Mais si vous voulez mon avis, c'est légèrement hypocrite de sa part, parce qu'elle, à l'université, elle peut se servir d'un ordinateur chaque fois qu'elle le veut.

– M. Acheson dit que, Cypress étant un établissement public, il pourrait faire en sorte que tu aies accès à la salle d'informatique. Il faudrait simplement que je t'accompagne, parce que si tu n'es pas inscrit dans une classe du collège, ils ne peuvent pas te laisser seul sans surveillance. Une question d'assurance, d'après ce que j'ai compris.

– Mais comment pourrais-tu faire ça ? Tu travailles pendant la journée.

– Mon département a besoin d'un professeur pour les cours du soir. Cinq soirs par semaine, de dix-huit à vingt-deux heures. J'en ai parlé avec le recteur, et il pense que je pourrais prendre le poste.

– Et tu me laisserais seul à la maison ?

– Ça ne me réjouit pas. Il faudra établir des règles, et je demanderai à Mme Economopoulos de garder un œil sur toi.

Sa voix s'est un peu brisée ; j'ai vu qu'elle se retenait de pleurer.

– Maman, ne pleure pas... Je vais retourner à Cypress, sérieusement. Je ne veux pas que tu t'embêtes pour moi.

– Oh, Ambrose, a-t-elle dit en m'attirant contre elle. Tu ne m'embêtes pas. Ne pense jamais ça. (Elle s'est mouchée dans un vieux Kleenex repêché dans sa poche.) Alors, qu'est-ce que tu en dis ? On essaie les cours par correspondance ?

– D'accord, essayons.

Et tandis que nous étions là à regarder les bateaux sur l'eau, j'ai commencé à dresser dans ma tête une liste des avantages et des inconvénients.

AVANTAGES

a) adieu, les Trois Petits Cochons

b) fini de me faire traiter de tapette

c) plus de professeurs impatients qui s'énervent quand je pose trop de questions ou quand je crie parce que les Trois Petits Cochons ont jeté mon déjeuner dans les toilettes

d) plus d'horaires à respecter

e) plus de cours de gym, où on vous oblige à enfiler un short ridicule devant tout le monde (un jour j'ai oublié de mettre un slip et ce fut le pire jour de ma vie, pire encore que le jour où j'ai failli mourir)

INCONVÉNIENTS

a) plus de regards discrètement jetés aux seins de Mlle Martin en cours de musique, quand elle les appuie sur sa guitare : ils sont gros, ils bougent un peu, et on aperçoit la dentelle de son soutien-gorge. (Mais c'est aussi un avantage, au fond, car une fois j'ai eu une méga-érection en les regardant et j'ai dû garder ma partition sur mes genoux pendant tout le cours.)

C'est le seul inconvénient que j'ai trouvé.

Un petit frisson d'impatience a traversé le creux de mon ventre.

L'école à la maison, ça allait être génial.

8. E I U P S R R S

rieurs, pisser, puer, suer, riper, peurs, ruses, issue, réussir

SURPRISE

La pluie est arrivée en même temps que le mois de novembre. Les jours raccourcissaient, aussi, et comme nous vivions dans un sous-sol, nous avions parfois l'impression d'habiter dans une grotte, même en plein midi. Moi, ça ne me dérangeait pas trop, mais ma mère, si. Au début, pour nous faire un petit plaisir, nous allumions toutes les lumières dès le matin et les laissions ainsi toute la journée, mais ce n'était pas écologique et maman a failli se trouver mal quand elle a reçu la facture d'électricité. Il a donc fallu arrêter.

Dès la mi-novembre, nos nouvelles habitudes étaient prises. Comme maman travaillait désormais jusqu'à vingt-deux heures et ne rentrait pas avant vingt-trois heures, nos journées commençaient plus tard qu'avant. Nous restions au lit jusqu'à huit heures trente, après quoi, sans même sortir de nos pyjamas, nous mangions nos céréales sans marque avec un fruit, et maman buvait deux grandes tasses de café en lisant le journal de la veille (laissé par les Economopoulos devant notre porte quand ils avaient fini de le lire). Vers dix heures, nous passions en revue tout le travail que je devais faire ce jour-là (envoyé par l'institut d'enseignement à distance), et ensuite maman me faisait prendre une douche et m'habiller. Je me mettais au boulot vers dix heures et demie.

Mon travail s'accomplissait avec une rapidité étonnante. Si vous retirez le temps de s'installer en classe, les intercours et un professeur qui a trente autres élèves à gérer, ce qui occupait une journée de six heures ne prend soudain plus que deux ou trois heures. Pendant ce temps, maman notait des copies en s'énervant contre l'orthographe lamentable et l'absence d'esprit critique de ses élèves.

– Je n'enseigne qu'à des jeunes qui n'ont aucune envie d'être là, me répétait-elle, même si elle m'avait déjà dit la même chose un million de fois partout où nous avions vécu. Les élèves ingénieurs qui sont obligés de faire un semestre d'anglais, ou ceux qui font anglais seconde langue. Les professeurs titulaires, eux, enseignent à ceux qui ont choisi de suivre cette voie. Ils refourguent les nuls aux chargés de cours comme moi.

Une fois nos travaux respectifs achevés, nous sortions faire un peu d'exercice. En général, une grande promenade sur la plage. De temps en temps, nous allions faire du patin à glace à la patinoire municipale de Kitsilano, mais je n'aimais pas trop cela, car maman insistait pour que je porte un casque de location, et comme elle craignait aussi que j'attrape les poux du client précédent, je devais mettre un bonnet en dessous : c'était aussi désagréable que ridicule.

Le jeudi à quatorze heures, nous nous rendions ensemble au collège de Cypress pour que je puisse me servir d'un ordinateur. La première fois, j'y suis allé la peur au ventre, parce que je redoutais de croiser les Trois Petits Cochons. Mais l'horaire était parfait. Tout le monde était en classe, et la salle d'informatique était déserte. Deux semaines d'affilée, M. Acheson est passé prendre de mes nouvelles.

– On peut vraiment dire que ta mère se met en quatre pour toi, m'a-t-il dit un jour alors qu'elle était là, à côté de moi.

Ce que j'ai trouvé agaçant. Il semblait penser que j'étais plus ou moins handicapé et que j'avais besoin de quelqu'un pour me défendre. Mais ça n'a apparemment pas dérangé maman, même lorsqu'il a posé une de ses grosses paluches sur sa petite épaule et l'a pressée affectueusement.

En semaine, maman partait travailler tous les jours à dix-sept heures. À cause de ses nouveaux horaires, nous ne pouvions plus jouer au Scrabble le soir, mais elle arrivait parfois à caser une petite partie avant de s'en aller.

Elle avait établi une liste de règles que je devais suivre, et elle m'a même donné un téléphone portable pour que je puisse l'appeler à tout moment, où que je sois (c'est-à-dire, selon ses règles, pas plus loin que la bibliothèque du quartier, à quatre rues de chez nous).

Au début, je me suis réjoui de passer mes soirées tout seul. J'étais mon propre patron ! D'après maman, je n'avais droit qu'à une heure de télé par soir, mais étant donné qu'elle n'était pas là pour vérifier, je la regardais non-stop. Sauf que, comme nous ne recevions qu'une chaîne, je m'en suis vite lassé.

Pendant un petit moment, j'ai trouvé d'autres choses à faire, comme manger ce que je voulais, quand je voulais ; mais maman n'achetait jamais de cochonneries, ni aucune nourriture portant la mention « peut contenir des traces d'arachide », et, pour être honnête, boulotter un demi-pain à l'épeautre d'un seul coup ne me passionnait pas plus que ça.

Un soir, je me suis aventuré jusqu'à huit rues de chez nous, carrément quatre de plus que ce à quoi j'avais droit. Un autre, j'ai goûté un peu de vin, car maman avait laissé une bouteille ouverte dans le réfrigérateur, mais c'était infect.

J'étais censé me coucher à vingt et une heures trente et lire au lit, avec extinction des feux à vingt-deux heures, mais c'était difficile, parce que je n'avais pas l'habitude de m'endormir sans que ma mère soit là. Et j'avoue que je n'étais pas tranquille tant qu'elle n'était pas rentrée. Si bien que la plupart des soirs j'attendais de l'entendre remonter l'allée avant d'éteindre la lumière et de faire semblant de dormir.

Dès le jeudi de la troisième semaine, l'excitation des débuts commençait à s'user et je m'ennuyais déjà. Ce soir-là, j'avais fouillé dans tous les tiroirs de ma mère : cela n'avait révélé aucune découverte intéressante et m'avait laissé une vague sensation de dégoût. Il pleuvait à verse et un vent assez violent secouait les fenêtres, ce qui me donnait l'impression que quelqu'un cherchait à entrer. J'ai allumé la télé pour me tenir compagnie et regardé un documentaire animalier en grignotant un morceau caoutchouteux du « fameux poulet pané » de maman. J'étais en train de me convaincre qu'il n'y avait pas de *serial killer* psychopathe dans les parages, lorsque, soudain, on a frappé à la porte. J'ai sauté au plafond. Je suis d'abord resté sans bouger, muet comme une carpe, parce que maman m'avait fait promettre de ne pas ouvrir, au cas où un pédophile me tendrait un piège. Mais, voyant la courte silhouette de Mme Economopoulos à travers les voilages (car il y avait une fenêtre juste à côté de la porte), j'ai résolu de vivre dangereusement. Je suis allé ouvrir.

Mme E m'a tendu une assiette de baklavas.

– Pas de cacahuètes, m'a-t-elle dit.

– Merci !

C'était sincère. Croquer ses baklavas, c'était comme mordre dans une tendre bouchée croustillante de paradis.

– Ta maman est au travail ?

J'ai fait oui de la tête. Elle a contemplé mon assiette.

– C'est toi qui as fait ça ? Ça n'a pas l'air bon.

Comme je ne voulais pas débiner maman derrière son dos, j'ai juste répondu :

– Pas terrible.

Alors elle m'a pris l'assiette des mains et l'a posée sur la table à côté de ses baklavas.

– Tu manges avec nous. J'ai fait de la moussaka.

Comment protester ? Au nom de quoi ? J'ai jeté mon reste de poulet à la poubelle, en prenant soin de le recouvrir d'ordures plus anciennes pour que maman ne le voie pas. Et j'ai suivi la propriétaire à l'étage.

– Madame E, vous êtes la meilleure cuisinière du monde, ai-je dit en m'installant sur le canapé à prouts pour regarder *Pékin Express* avec M. Economopoulos après le dîner.

Elle m'a pincé les joues et m'a tendu une deuxième assiette de biscuits au miel avant de retourner à la cuisine faire la vaisselle.

J'étais en train de regarder le résumé de la semaine précédente tout en étouffant un discret renvoi, lorsque la sonnette a retenti. Comme M. E avait l'air très bien installé dans son fauteuil relax, j'ai proposé d'aller ouvrir.

– Si c'est quelqu'un qui veut de l'argent, tu lui claques la porte au nez ! m'a-t-il lancé tandis que je sortais du salon.

Mais le type qui se tenait sur le seuil ne semblait pas vouloir d'argent. Environ vingt-cinq ans, taille moyenne, un tee-shirt noir tendu sur un corps musclé. Ses cheveux brun foncé étaient coupés très court, presque comme à l'armée, et un tatouage représentant un crâne riait sur son biceps droit. Il tenait à la main un sac de sport, et j'étais sur le point de dire à M. Economopoulos d'appeler les flics quand il m'a parlé.

– Tu es qui, toi ?

Comme cela ne le regardait pas, j'ai répondu :

– Et vous, vous êtes qui ?

– Qui est-ce, Ambrose ? m'a crié Mme E en sortant de la cuisine.

Elle avait une assiette dans les mains. En voyant qui était à la porte, elle l'a laissée tomber et se fracasser en mille morceaux par terre.

Le fracas a été suivi par un cri strident, et j'ai espéré que M. E était en train d'appeler la police, parce que Mme E s'est jetée sur le type. J'ai cru qu'elle allait le frapper, mais non : elle l'a entouré de ses bras et l'a serré contre son cœur.

– Cosmo ! Mon bébé ! Mon bébé est là !

9. LECIRMIN

ciel, émir, mincir, limier, merci, rincer, clé, milice, miel, limer

CRIMINEL

À son retour, maman s'est étonnée de me trouver éveillé, à l'attendre dans le canapé.

– Ambrose, que fais-tu debout à cette heure-ci ? Est-ce que tout va bien ?

– Il est rentré.

– Qui ça ?

– Cosmo. Le fils taulard des Economopoulos.

Cela faisait presque deux heures que j'écoutais les CD de ma mère sur son lecteur portatif, mort d'impatience de lui raconter la nouvelle.

– J'étais en train de dîner chez eux, parce qu'ils m'avaient invité, et il s'est pointé à la porte, comme ça. Il m'a demandé qui j'étais. Alors Mme E s'est mise à crier et elle l'a serré dans ses bras et puis elle s'est mise à le taper...

– Holà, minute. Moins vite. Est-ce que tu vas bien ?

Si j'allais bien ? Parfois, maman était complètement à côté de la plaque.

– Mais oui, je vais bien. Il est resté planté là, à laisser sa mère le taper, et alors M. E est arrivé et oh là là, il a fait la tête à Cosmo. Ensuite, il m'a dit qu'il fallait que je rentre, du coup je n'ai même pas vu quelle équipe était éliminée de *Pékin Express*. Je suis descendu, mais pendant longtemps je les ai entendus crier. Même que Mme E a pleuré.

Ma mère s'est laissée tomber sur une chaise et a retiré ses chaussures.

– Et c'est vrai qu'il ressemble complètement à un ex-taulard, ai-je poursuivi. Le genre gros dur. Musclé, tatoué, la boule à zéro et tout et tout... Remarque, on doit leur raser le crâne, là-bas. Je ne sais toujours pas pourquoi il a fait de la prison, mais je trouverai...

– Pas question.

– Mais si, la prochaine fois que je serai chez eux...

– Tu n'y retourneras pas. Pas sans moi. C'est bien compris ?

Et là, d'un coup, j'ai pris conscience de l'énormité de mon erreur. Je parlais à ma mère comme si elle pouvait comprendre à quel point tout cela était génial. J'avais oublié que maman était *maman*.

– Allez, m'man...

– Je ne plaisante pas, Ambrose. Nous ignorons totalement ce qu'a fait ce jeune homme, et je ne veux pas que tu t'approches de lui.

– Mais, maman, Mme E cuisine super bien ! Et la semaine prochaine c'est la finale de *Pékin Express* !

– Pas de discussion.

Elle est partie dans sa chambre et a refermé derrière elle. Et je savais qu'en effet ce n'était même pas la peine de discuter. Parce que « pas de discussion » signifiait en réalité : « Je n'ai pas su protéger ton père, et je ne commettrai pas la même faute avec toi. »

Mais, évidemment, me dire de ne pas approcher Cosmo, c'était comme dire à un petit enfant de ne pas lécher un poteau métallique en hiver quand il gèle. Aussitôt, il ne va plus penser qu'à une chose : poser sa langue contre le poteau métallique. *Que se passerait-il ? Est-ce qu'on reste vraiment collé ? Quel goût ça a ? Est-ce qu'on s'arrache vraiment toute la langue en tirant ?* Cela devient une obsession, et je le sais d'expérience.

En plus, ce n'était pas facile d'éviter Cosmo : il vivait juste au-dessus de chez moi.

Quatre jours plus tard, ma mère venait de partir au travail et je m'installais à la table de la cuisine pour faire des maths, lorsque j'ai entendu une voiture arriver - une voiture très bruyante dont les pétarades ne pouvaient pas venir de la Ford Escort des Economopoulos. J'ai lâché mon stylo et couru dehors, juste à temps pour voir une vieille voiture de sport rouge se garer dans l'allée. Cosmo en est descendu, en jean délavé et veste de cuir.

– Je crois que ton pot d'échappement a besoin d'être remplacé, lui ai-je signalé pour me rendre utile.

Il m'a regardé d'un air hargneux, sans rien dire, et a disparu dans le garage. J'allais rentrer chez moi, mais il est réapparu, un seau et une éponge à la main. Il a commencé à remplir le seau au tuyau d'arrosage.

– Tu vas laver ta voiture ?

– Non, je vais jouer du piano à queue.

– Qu'est-ce que c'est, comme modèle ?

– Une Camaro 91. Un ami l'a gardée dans son garage pendant mon absence.

– Pendant que tu étais en prison, tu veux dire.

Ce qui m'a valu un nouveau regard noir. Puis il a sorti de sa poche un paquet de cigarettes et en a allumé une.

– C'est mauvais pour la santé.

Il n'a fait aucun commentaire et a commencé à laver sa voiture. Je suis resté là à l'observer. Cela ne m'ennuie jamais de regarder les gens vaquer à leurs affaires, mais j'ai remarqué que parfois cela les dérangeait, eux.

– T'es flippant, à rester là comme ça, m'a dit Cosmo au bout d'un moment.

– Pourquoi ?

– T'as pas quelque part où aller ?

– Non.

Il m'a regardé comme si j'étais un extraterrestre.

– Intéressant, ton futal.

– Merci. (Je portais mon pantalon en velours côtelé violet, mon préféré.) Je pourrais t'aider, ai-je ajouté.

– Pas besoin, merci.

Il a tiré une longue bouffée de sa cigarette.

– Ça ne t'arrive jamais de penser aux noms qu'ils donnent aux voitures ? ai-je poursuivi. Par exemple, la *Néon*. Qui a envie de conduire une Néon ? Ou l'*Aspire*. Aspirer à quoi ? À avoir une bagnole moins pourrie ?

J'ai ri de ma blague, mais lui n'a même pas eu un sourire. Il a simplement retiré sa veste en cuir pour passer au rinçage, sa cigarette toujours entre les lèvres. Je voyais son tatouage bouger sur son bras.

– Qu'est-ce que tu as fait ? je lui ai demandé.

Il m'a jeté un coup d'œil, en plissant la paupière à cause de la fumée.

– Pourquoi est-ce qu'on t'a envoyé au trou ? j'ai insisté.

Là, il a haussé un sourcil.

– Au trou ?

J'ai acquiescé.

– Je dois m'inquiéter pour ma sécurité ? ai-je encore ajouté.

Il m'a observé pendant une seconde.

– Tu veux vraiment le savoir ? m'a-t-il demandé à mi-voix.

J'ai acquiescé de nouveau, même si un frisson de frayeur me remontait le long de l'échine tel un doigt glacé. Il a regardé autour de lui pour vérifier l'absence d'oreilles indiscrètes.

– J'ai été envoyé au trou pour avoir tué un gamin de ton âge. Un sale gosse qui posait trop de questions idiotes. Un jour, comme ça, *paf !* j'ai pété les plombs.

Puis, d'un mouvement rapide et fluide, il a empoigné quelque chose et l'a pointé vers moi. J'ai cru que j'allais me faire dessus. Je me suis baissé, mais trop tard. J'étais touché...

… non, en fait, j'étais arrosé. Par le tuyau d'arrosage. Deux secondes plus tard, j'étais trempé.

Après avoir retiré mes vêtements mouillés et les avoir cachés sous mon lit pour que maman ne me pose pas de questions, je suis retourné tout droit à mes exercices de maths. Mais j'avais du mal à me concentrer. J'étais quasi certain que cette histoire de meurtre était une blague. Mais j'ai quand même barricadé notre porte avec une chaise. On ne sait jamais.

10. T R M E R U E

remuer, urètre, terme, rut, muret, ère, mûre, émeut, mètre

MEURTRE

– Ouh, je suis trempée ! s'est exclamée ma mère.

C'était le samedi suivant et nous venions d'aller acheter des fruits et des légumes à la boutique de Broadway, celle où la marchande essaie toujours de me donner un bonbon mais où maman refuse chaque fois. Nous avions été surpris par un orage en rentrant, et maman n'avait pas son imper sur elle.

Elle était en train de se changer dans sa chambre, et moi en train de ranger nos emplettes, lorsqu'on a frappé à la porte.

– Tu peux ouvrir ? m'a-t-elle crié.

Bon, comme je l'ai dit, j'étais presque sûr que Cosmo s'était payé ma tête en me racontant qu'il avait tué un enfant, mais deux précautions valent mieux qu'une. J'ai donc empoigné la première arme qui m'est tombée sous la main - un filet d'oranges - et je me suis approché de la porte sur la pointe des pieds, tout en me demandant si c'était possible d'assommer un assassin à coups d'agrumes.

Je ne voyais personne à travers le voilage de la fenêtre.

– Qui est-ce ? ai-je demandé en prenant une voix grave.

– C'est Soula.

Il m'a fallu un instant pour me rappeler que Soula était le prénom de Mme Economopoulos. J'ai posé les oranges et ouvert la porte.

– Mon frère a égorgé un agneau, a-t-elle déclaré. Il nous en a donné la moitié. Nous aimerions vous inviter à le partager avec nous ce soir.

Maman et moi ne mangions presque jamais de viande rouge. Cela posait un « problème moral » à ma mère, et de toute façon ce n'était pas dans nos moyens. Moi, de mon côté, j'adorais la viande rouge. Mon corps en réclamait. *Mais si Cosmo avait dit vrai ? S'il était susceptible de craquer et de faire une nouvelle victime pendant le dîner ? Cela valait-il la peine de risquer ma vie pour quelques tranches d'agneau ?*

La réponse était évidente.

– Avec grand plaisir, me suis-je dépêché de répondre avant que ma mère ne trouve une excuse.

Elle sortait tout juste de sa chambre et j'ai vu à son expression qu'elle en cherchait précisément une.

– Mais, Ambrose, on n'avait pas... ?

– Eh non. Rien de prévu. Rien du tout.

Mme E nous a fait un grand sourire.

– Formidable. Venez à cinq heures trente.

Son sourire a légèrement chancelé, et elle a ajouté :

– Vous ferez connaissance avec Cosmo. C'est un très bon garçon.

À part que c'est un tueur, ai-je songé pendant qu'elle s'en allait - même si je n'y croyais pas vraiment.

Pourtant, lorsque nous sommes arrivés pour le dîner, Cosmo n'était pas là. Maman a offert à nos hôtes un pot de sa marmelade de coings maison, que j'appelle en secret sa « mar-malade », parce qu'elle est vraiment infecte.

Nous avons échangé des banalités pendant un petit moment dans le salon et j'ai admiré la collection d'assiettes et de petites cuillères accrochée au mur. Les Economopoulos avaient allumé leur cheminée à gaz, si bien que la pièce était chaleureuse en dépit de la pluie qui tombait sans interruption dehors. M. E a servi à maman un verre de leur vin, maison lui aussi. Moi, j'ai eu droit à un Coca et, à mon grand soulagement, ma mère ne s'est pas lancée dans son discours sur l'absence totale de valeur nutritive des sodas, généralement suivi par son discours sur la marchandisation du monde par des compagnies telles que Coca-Cola.

Quand nous sommes passés à table, cinq couverts étaient mis.

– Cosmo va nous rejoindre ? j'ai demandé.

M. E a eu un haussement d'épaules un peu désolé.

– Avec lui, on ne sait jamais.

– Vous devez être heureux qu'il soit de retour, a dit maman (là, j'ai tout de suite compris qu'elle partait à la pêche aux infos).

Mais tout ce qu'a répondu M. E, c'est :

– Oui, très heureux.

– C'est un très bon garçon, a répété sa femme pour la seconde fois de la journée.

Le repas était succulent. Agneau braisé, patates rôties, et un plat spécial aux épinards qui m'a fait aimer les épinards, sincèrement. Maman n'a pas pu s'empêcher de demander si tout était bien exempt de cacahuètes. Depuis le temps, cela commençait à devenir un peu vexant, et pourtant Mme E l'a rassurée gaiement. Les Economopoulos ont même pris chacun une cuillerée de sa marmelade et l'ont assurée que c'était délicieux.

Pendant que j'admirais le grand lustre suspendu au plafond, nous avons entendu la porte d'entrée s'ouvrir.

– Cosmo ? Tu viens à table ? a crié M. E.

Pas de réponse. J'ai aperçu le jeune homme de dos, qui s'en allait dans le couloir. Ses parents ont échangé un coup d'œil inquiet, et j'ai vu au sourire crispé de ma mère qu'elle était mal à l'aise. Sur ce, M. E a soulevé le plat d'agneau et a demandé :

– Qui en reveut ?

– Moi ! ai-je naturellement répondu.

Après le dîner, nous sommes repassés au salon. M. E a servi à ma mère un ouzo (une liqueur grecque qui sent la réglisse) et m'a versé encore un verre de Coca tandis que sa femme apportait un plateau de meringues roses et blanches.

Nous nous sommes installés sur le canapé plastifié et les adultes se sont lancés dans une grande discussion sur les prix de l'immobilier à Vancouver. Maman se plaignait du fait qu'elle n'aurait jamais les moyen d'acheter un logement dans cette ville, ce que j'ai trouvé légèrement hypocrite, parce qu'à la vérité nous n'avions pas les moyens d'acheter quoi que ce soit où que ce soit avec ce qu'elle gagnait, et je ne m'en plains pas, je constate, c'est tout. Mme E disait qu'ils avaient acheté dans les années soixante-dix, quand c'était encore abordable. Comme tout cela était plutôt barbant, j'ai cessé d'écouter. J'ai mangé une deuxième meringue, rose cette fois, et je l'ai fait descendre avec une gorgée de Coca. Ensuite, j'ai songé aux mots que l'on pouvait composer avec « Economopoulos » (*monopoles, copulons, monocles, compulsé, somnole, poêlons, mesclun, plumons, loupés, pneu, pomélo, ploucs, muscle*) et je venais tout juste de trouver *couples* lorsque j'ai soudain lâché un rot énorme et totalement inattendu.

– Ambrose ! a glapi ma mère.

– Pardon, c'est le Coca, ai-je dit, ce qui m'a fait prendre conscience que j'avais aussi très, très envie de faire pipi.

Mais je savais que les toilettes étaient au bout du couloir dans lequel était parti Cosmo, et que je risquais donc de le croiser. Je me suis retenu le plus longtemps possible - j'ai même envisagé de faire un aller-retour express jusqu'aux toilettes de notre sous-sol, mais je ne voyais pas comment expliquer cela sans être impoli. J'ai fini par devoir m'excuser et courir dans le couloir, dépassant une autre collection de petites cuillères accrochée au mur, pour foncer aux toilettes.

Je m'y suis enfermé à clé, après quoi j'ai fait pipi pendant au moins cinq minutes d'affilée - c'est du moins ce qu'il m'a semblé. J'ai aussi fait la grosse commission, parce que quand on n'a pas l'habitude de manger beaucoup de viande, on a parfois un peu de mal à la digérer.

Et c'est en sortant des toilettes que je l'ai vu. Il était dans sa chambre, devant un ordinateur. Apparemment, il n'avait pas pris la peine de changer la déco depuis son adolescence. Les murs étaient encore couverts de posters des Guns N' Roses et d'une affiche représentant Pamela Anderson quasiment grandeur nature, accrochée au-dessus du lit.

J'ai contemplé Pam pendant un moment, ce qui m'a envoyé des chatouillis un peu partout, puis j'ai tenté d'apercevoir l'écran de l'ordinateur, mais le dos de Cosmo me bouchait la vue. J'ignore pourquoi, j'étais curieux de savoir ce qu'il regardait. Bon, d'accord, pour être franc, je sais à peu près pourquoi : j'espérais qu'il regardait des femmes nues, peut-être même Pamela Anderson nue. J'avais beau ne pas vraiment croire qu'il avait tué un enfant, je me suis tout de même rassuré en me disant qu'il n'essaierait pas de me descendre alors que ses parents et ma mère étaient à l'autre bout du couloir. Et donc je suis entré dans sa chambre.

Ce que j'ai découvert sur l'écran de l'ordi était à la fois une déception et une surprise. Il était en train de jouer au Scrabble en ligne.

– Tu joues au Scrabble ?

Cosmo a bondi sur sa chaise.

– Purée ! Ne te pointe pas sans bruit comme ça.

– Moi aussi, j'y joue.

– Super.

Mais il ne l'a pas dit sur un ton sincère. Il est retourné à sa partie.

– Je me débrouille plutôt bien, même.

Pas de réponse. Je le voyais scruter ses lettres : EQOUNCO. Il a fini par poser le mot COQ, en accolant le C de son jeu à un A déjà existant pour former ÇA. Ce qui lui a rapporté seize points.

– Hm ! ai-je fait.

– Hm ? Ça veut dire quoi, « hm » ?

– Rien.

– On t'a déjà dit que tu étais énervant ?

– Oui.

– Je parie que tu exaspères tes profs.

– En ce moment, je n'en ai pas.

– Pas de profs ? Qu'est-ce que tu racontes ?

– Je ne vais pas en cours.

Il s'est détourné de son écran pour me regarder.

– Comment ça, tu ne vas pas en cours ? Tout le monde va en cours.

– Je travaille chez moi. Par correspondance.

– Par correspondance. En plein Vancouver. Où il y a des écoles à tous les coins de rue.

– J'allais au collège, jusqu'au mois dernier.

– Et qu'est-ce qui s'est passé ?

– Trois types ont essayé de me tuer.

Cosmo a éclaté de rire. C'était clair qu'il ne me croyait pas.

– Dommage qu'ils n'aient pas réussi !

Il est retourné à son jeu.

– C'est en taule que tu as commencé à jouer au Scrabble ?

– Mêle-toi de tes oignons.

– J'y joue avec ma mère depuis que j'ai huit ans.

– Génial. Bon, écoute, il faut vraiment que je me concentre, là.

C'est alors que son adversaire a posé ZOOS, avec le Z sur une case « lettre compte triple » et le S au bout du COQ de Cosmo, pour un score total de quarante-six points.

– Mince, a dit Cosmo.

– Tu aurais dû faire CONQUE au dernier tour, lui ai-je dit. C'est un coquillage. Tu avais toutes les lettres qu'il fallait. Comme ça, tu aurais attrapé la case « mot compte double », récolté trente-quatre points au lieu de seize, et tu aurais empêché l'autre de tripler son Z.

Il m'a regardé fixement sans rien dire.

– Tu lui as offert son ZOOS sur un plateau, ai-je ajouté.

C'est à ce moment-là que Cosmo m'a jeté son *Officiel du Scrabble* à la tête et que j'ai crié - de surprise, pas de douleur -, si bien que maman est arrivée en courant. J'ai eu beau dire et redire que tout allait très bien, elle a remercié les Economopoulos pour cette délicieuse soirée et leur a dit qu'elle devait me mettre au lit, ce qui était gênant, car il n'était que huit heures.

Depuis notre sous-sol, j'ai entendu des cris en haut, puis la porte d'entrée qui claquait. La Camaro de Cosmo a démarré en faisant crisser ses pneus, et j'étais quasi certain qu'il n'avait pas terminé sa partie de Scrabble.

Ce qui valait sans doute aussi bien, car, visiblement, il se faisait massacrer.

11. E C A V U T I

active, étui, cavité, cuvait, acte, avec, évita, cuite, etc

VACUITÉ

À mon réveil le lendemain matin, je suis sorti de ma chambre sur la pointe des pieds, dans mon pyjama à fusées qui commençait à m'arriver au-dessus des chevilles. Je comptais lire sur le canapé pendant un petit moment en grignotant un toast pendant que maman faisait la grasse matinée, comme elle le faisait tous les dimanches.

J'ai donc été surpris de la trouver à la table de la cuisine, sirotant du café dans le mug « MEILLEURE MAMAN DU MONDE » que je lui avais acheté pour vingt-cinq cents dans un vide-greniers trois ans plus tôt. Elle feuilletait le *Courrier de Vancouver*, un journal gratuit déposé devant la porte deux fois par semaine. Je me suis versé un bol de céréales, j'ai coupé une banane en rondelles dedans, et je me suis assis à côté d'elle. Elle épluchait les petites annonces de la rubrique « Appartements à louer ».

– Maman, allez...

– Je ne me vois pas vivre sous le même toit que cet individu, m'a-t-elle répondu.

– Mais on ne sait même pas ce qu'il a fait.

– Ce qu'on sait, c'est que ça l'a envoyé en prison. Ça ne peut pas être bien. (Elle a bu une gorgée de café.) Je n'en reviens pas des prix.

Nous avons fait des lessives toute la matinée. Les Economopoulos avaient proposé mille fois à maman d'utiliser leur lave-linge, mais elle se refusait à frapper chez eux et à traverser leur maison pour le faire. À cause de cela, tous les week-ends, nous poussions un chariot à roulettes rempli de linge sale jusqu'à la laverie automatique. Ensuite, nous avons fait quelques vide-greniers : maman a trouvé un super pull à torsades, et moi, une vieille BD de *Superman* et un cerf-volant. Puis nous sommes allés à Jericho Beach, car, pour la première fois depuis longtemps, il faisait beau. Nous avons essayé le cerf-volant. Il s'est coincé dans un arbre et nous avons dû le laisser là, mais bon, il n'avait coûté que cinquante cents.

Ce soir-là, nous avons fait une pizza - mon plat préféré - et maman m'a même laissé mettre du chorizo sur ma moitié. Ensuite, elle a corrigé des copies, après quoi nous avons joué au Scrabble. J'ai gagné, 272 à 203, grâce à un KOALAS sur une case « mot compte triple » et à un JUGEZ sur une autre, et maman n'a bu que de l'eau, parce que l'ouzo de la veille lui avait donné un peu mal au cœur. L'un dans l'autre, une très bonne journée.

Et puis, Noël est presque arrivé. Nous avons acheté un petit sapin. Comme il était plutôt miteux et déplumé, nous y avons accroché toutes les décorations que nous avions fabriquées année après année. Nous avons aussi confectionné des guirlandes de pop-corn (je me suis piqué le pouce avec l'aiguille à peu près un million de fois), et nous avons accroché des flocons de neige en papier découpé sur notre porte. J'aimais bien me promener dans Broadway, où étaient accrochées des guirlandes lumineuses bleues, magnifiques. Quand je plissais les yeux, les lumières devenaient floues et cela ressemblait vraiment à Noël.

Le 25 décembre au matin, maman m'a offert un bonnet multicolore avec un gros pompon, entièrement tricoté par elle-même. J'ai aussi eu des chaussettes et des caleçons, et deux livres : *Cœur d'encre* de Cornelia Funke et *Le Worldshaker* d'un certain Richard Harland. Mamie Ruth m'avait envoyé un chèque de vingt dollars, et maman m'en a donné cent.

Pour ma part, je lui ai offert un cadre à photo acheté au magasin d'artisanat de Broadway. Je l'avais décoré avec de la mousse, des fleurs séchées... et dedans j'avais mis une photo de nous deux. Elle a eu les larmes aux yeux en ouvrant le paquet.

À un moment, le téléphone a sonné : c'était Mamie Ruth. Maman lui a parlé poliment pendant une dizaine de minutes, après quoi elle me l'a passée et j'ai discuté pendant plus d'une demi-heure avec ma grand-mère : je n'ai pas vu le temps passer. C'était super d'entendre sa voix. À elle aussi, j'avais envoyé un cadre à photo, garni du même cliché de ma mère et moi.

– Je l'adore, m'a-t-elle dit. Il est posé sur le piano, pour que je puisse le regarder tous les jours.

– Tu me manques, Mamie.

– Toi aussi, Ambrose. C'est comment, Vancouver ?

– Pas mal. Il pleut beaucoup.

– Eh bien, ici, il grêle, en ce moment. Ce n'est pas mieux que la pluie !

– Quand viendras-tu nous voir ?

Il y a eu un silence au bout du fil.

– Je ne sais pas trop, mon chéri. Bientôt, j'espère.

Après avoir raccroché, j'ai eu un petit coup de cafard. La maison était très silencieuse, vu que nous étions les seuls présents. Les Economopoulos, même Cosmo, étaient partis passer Noël chez le frère de M. E et ils comptaient y rester jusqu'au 26.

Nous avons mis des chants de Noël pour remplir le silence, et mangé des pancakes. Ensuite, nous sommes allés faire une grande promenade sur la plage, et au retour nous avons bu un bon chocolat chaud. Pour le dîner, maman nous a préparé des blancs de dinde, car ç'aurait été absurde de faire rôtir une volaille entière juste pour nous deux. Elle ne les a pas trop cuits, comme elle le fait parfois, si bien qu'ils étaient moelleux et très bons. Pour le dessert, il y a eu une tarte à la citrouille avec de la chantilly en bombe, j'adore ! Et plus tard, petite promenade digestive dans le quartier :

j'ai contemplé toutes les décorations de Noël et regardé par les fenêtres illuminées, où je voyais des familles et des amis joyeusement réunis. En rentrant, nous avons regardé *La vie est belle* sur CBC, comme à chaque Noël aussi loin que remontent mes souvenirs. Nous avons ouvert une bouteille de champagne - pas du vrai, c'est trop cher - et maman m'a laissé en boire un demi-verre.

Vers vingt-trois heures, je suis allé me coucher. J'ai fait coucou de la main à la photo de mon père et je lui ai souhaité un joyeux Noël.

Et enfin j'ai mis l'oreiller sur ma tête pour que maman ne m'entende pas et j'ai pleuré, un peu, parce que, même si nous avions passé une très bonne journée, jamais de ma vie je ne m'étais senti aussi seul.

12. URESCOS

écrous, sucrés, ourses, roses, cœurs, sources, sœurs, rousse, oser

SECOURS

Deuxième semaine de janvier : les cours par correspondance avaient repris et je me faisais déjà suer comme un rat mort. L'excitation des débuts s'était usée. Je n'avais personne à qui parler de toute la journée à part maman, et un cyber-prof une fois par semaine. Le soir, quand maman partait travailler, je me sentais seul chez nous, mais il m'était strictement interdit de monter chez les Economopoulos.

Juste avant quatorze heures, le jeudi, ma mère et moi sommes allés au collège de Cypress pour que je puisse « dialoguer » avec mon cyber-professeur sur l'ordi de la salle d'informatique. Ma vie était devenue si barbante que c'était l'événement de ma semaine. Je portais un grand pull qui avait appartenu à mon père, avec un tee-shirt en dessous parce que la laine grattait.

Lorsque nous sommes entrés dans le collège, les couloirs étaient heureusement déserts. J'ai inspiré à fond et absorbé l'odeur de livres, de sueur et autres parfums d'enfance : eh bien, si bizarre que cela puisse paraître, j'ai éprouvé un manque. Pas le manque de me faire à nouveau martyriser, mais celui d'appartenir à quelque chose de plus grand que simplement moi.

M. Acheson est passé nous saluer et nous demander comment s'étaient passées nos vacances de Noël, ce que j'ai trouvé plutôt curieux : il ne m'avait jamais dit plus de deux mots de suite tant que j'étais élève dans son établissement, et à présent voilà qu'il mettait un point d'honneur à venir bavarder chaque fois que je me pointais.

– Comment ça va, Ambrose ?

– Très bien.

Ce jour-là, il portait sa cravate Homer Simpson, et de là où j'étais je voyais les poils de son nez. Beaucoup de poils.

– Alors, ça te plaît, les cours par correspondance ?

– Plutôt.

– Et pour vous, Irène, ça se passe bien ?

J'ai attendu qu'elle lui dise de l'appeler « madame Bukowski », mais non, elle a juste répondu :

– Oui, Bob, merci, tout se passe bien pour l'instant.

Bob ?

– Je vous ai imprimé des articles très intéressants sur l'enseignement à distance, que j'ai trouvés sur le Net, a-t-il continué pendant que je tapais mon mot de passe sur l'ordi. Avez-vous le temps de passer dans mon bureau ?

J'ai jeté un coup d'œil à maman, dont le visage, allez savoir pourquoi, était couvert de plaques rouges.

– Volontiers. Ambrose, tu es bien installé ?

– À moins que la révolte des ordinateurs ne se déclenche et qu'ils ne décident de s'attaquer à moi, je devrais m'en tirer.

J'ai été un peu déçu que ma blague ne les fasse pas rire.

« Bob » et elle sont partis, et je me suis mis au travail. Comme il faisait chaud dans la salle, j'ai retiré mon pull. J'avais beaucoup de questions à poser ce jour-là, et mon cyber-professeur avait des commentaires à propos d'un devoir sur la Mésopotamie que j'avais envoyé la semaine précédente. Le temps que nous ayons tout vu, je me suis rendu compte que c'était presque l'heure de la fin des cours. Maman n'était toujours pas revenue. J'ai rejoint le bureau de M. Acheson, mais la porte était ouverte et ils n'étaient pas là.

À ce moment-là, la cloche a sonné. Et en même temps je me suis aperçu que j'avais oublié mon pull en salle d'informatique.

J'ai aussi vu qu'un des tee-shirts de ma mère avait dû se retrouver par erreur dans ma commode et que je ne l'avais même pas regardé en l'enfilant ce matin, car il y était écrit : MAMAN N° 1. En lettres énormes.

Il ne fallait surtout pas que je sois vu ainsi. Je suis sorti du collège en courant et j'ai foncé à travers le terrain de foot. Mais même mes Ike ne pouvaient pas me transformer en bon coureur : quelques instants plus tard, j'entendais déjà des pas derrière moi. Ils se rapprochaient. Puis une main s'est refermée sur mon épaule et m'a fait pivoter.

C'était Troy.

– Tiens donc, mais c'est Am-brouille ! a-t-il braillé en lâchant son ballon de foot pour se rapprocher encore.

– Salut, Troy, ça roule ?

– Comment ça se fait que même des phrases normales aient l'air complètement débiles quand c'est toi qui les dis ?

Mike et Josh sont apparus à ses côtés.

– Eh, les mecs, matez son tee-shirt ! a lancé Mike - et ils se sont tous marrés.

– Pas de doute, t'es vraiment une tapette, a ajouté Josh.

Il s'est mis à se dandiner en agitant mollement la main, le poignet cassé, comme il s'imagine sans doute que le font les homosexuels.

– Faites pas attention à moi, allez-y, jouez au foot, ai-je dit.

Sur quoi j'ai tenté de les contourner, mais ils m'ont barré la route.

– Grâce à toi, j'ai été privé de sorties pendant un mois, a dit Josh.

– Et moi, privé de Wii pendant trois semaines, a renchéri Troy.

– Les gars, vous avez failli me tuer, quand même !...

– C'est ta faute. Si t'avais pas été un gros mytho... a ajouté Mike.

Et il m'a poussé tellement fort que je suis tombé. Quand j'ai tenté de me relever, Troy m'a donné un coup de pied.

– Allez, quoi, les mecs, on ne peut pas oublier le passé ?

– Ta gueule ! a crié Josh en m'envoyant un grand coup de tatane dans le ventre - et même s'il était chaussé de baskets, je l'ai senti passer.

Mike s'est baissé, m'a arraché mes Ike et les a jetées dans une poubelle, au bord du terrain. Puis tous les trois se sont déchaînés contre moi, ça m'a fait un mal de chien, et je me suis mis à pleurer, parce qu'il ne m'était jamais arrivé une chose pareille, enfin, seulement deux fois... une à Regina et une à Kelowna, mais ça n'était jamais allé aussi loin. J'ai donc tenté de me rouler en boule pour protéger ma tête, et j'ai entendu un grincement bizarre, une sorte de hurlement. Je n'ai compris que plus tard que c'était sans doute moi.

Et puis tout à coup, comme si un ange était descendu du ciel (sauf que non, car c'était une voix dure, agressive et grossière), j'ai entendu : « P... ain, lâchez-le, b... el, bande de petits m... eux ! » Les coups ont cessé et, levant la tête, j'ai vu Cosmo s'approcher à grands pas, les poings en avant. Il fichait la trouille, et je n'étais pas le seul à le penser, car Troy, Mike et Josh ont détalé comme des lapins.

Cosmo m'a aidé à me relever. Je grelottais, en partie parce que je n'étais vêtu que d'un tee-shirt par une journée pluvieuse de janvier, et en partie parce que j'étais encore mort de peur.

– Tu m'as sauvé la vie.

– C'est un peu exagéré.

J'ai palpé mon visage et mon corps. Je ne saignais pas, mais j'avais mal partout, surtout au ventre.

– Qu'est-ce que tu leur as fait ?

J'ai haussé les épaules.

– Ils me détestent.

Cosmo a hoché la tête, comme si tout cela était très logique.

– Tu as le chic pour faire ressortir le pire chez les gens, hein ? (Il a jeté un coup d'œil à mon tee-shirt.) Oh là là, non mais faut dire, aussi...

– C'est un accident. Je n'ai pas remarqué ce qu'il y avait d'écrit dessus, je l'ai pris sans regarder.

Je voyais bien qu'il se retenait de rire, et d'ailleurs il n'a pas pu s'empêcher de pouffer.

– Où sont tes grolles ?

Je suis allé les repêcher dans la poubelle.

– Tu peux rentrer, ça ira ? m'a-t-il demandé pendant que je les remettais.

J'ai acquiescé, et puis d'un coup, comme ça, j'ai fondu en larmes. J'avais l'impression d'être un gros bébé.

– Pardon, ai-je bredouillé. Ils m'ont vraiment fait très mal.

À ma grande surprise, Cosmo a cessé de rire.

– Tu m'étonnes. (Il a posé une main sur mon épaule.) Allez, viens, je te raccompagne.

Nous avons contourné la maison pour ne pas tomber nez à nez avec maman. Mais alors que nous étions dans le jardin de derrière, je l'ai vue qui entrait chez nous.

– Oh, non, j'ai gémi. Il ne faut pas qu'elle me voie comme ça, elle flipperait trop.

Cosmo n'a pas dit un mot. Il m'a simplement fait entrer chez lui. Ses parents étant absents, je suis allé dans leur salle de bains me débarbouiller et retirer la terre de mes coudes écorchés. Cosmo est même retourné au collège chercher mon pull afin que je puisse le remettre sur le tee-shirt et que maman ne se rende compte de rien. Je lui ai tu qu'il avait appartenu à mon père, et que si je l'avais perdu, je m'en serais voulu toute ma vie.

Quand je suis sorti de la salle de bains, Cosmo était au salon, devant la télé.

– Encore merci, lui ai-je dit.

Il n'a pas levé les yeux de l'écran.

– Tu devrais apprendre à te défendre.

Là, je n'ai pas su quoi répondre. *Comment apprend-on à se défendre ?* Ma mère ne pouvait pas me payer des cours de karaté, de boxe ni de quoi que ce soit du même genre, et même si elle l'avait pu, elle ne m'aurait jamais laissé y aller, de peur que je ne prenne un coup. Ce qui est légèrement paradoxal, quand on y pense.

Mais tout ce que j'ai répondu à Cosmo, c'est :

– Oui oui.

Je suis descendu chez nous juste à temps pour dire au revoir à maman avant son départ pour la fac. Elle s'était fait du souci pour moi. Je lui ai dit que je l'avais cherchée, elle m'a dit qu'elle m'avait cherché, et nous en avons conclu que nous avions dû nous rater de peu.

C'est seulement plus tard que j'ai pris conscience que je n'avais pas du tout eu peur de Cosmo. Je n'avais pas songé un seul instant qu'il allait me tuer, quand j'étais seul là-haut avec lui, et il n'avait pas tenté de faire les choses dégoûtantes contre lesquelles ma mère me mettait en garde depuis des années, à savoir : a) toucher mon pénis, ou b) me faire toucher le sien.

À vrai dire, pour un criminel, il avait l'air plutôt sympa.

13. RUIILHME

rhume, milieu, luire, huile, merlu, limier, huer, miel, émir, hélium

HUMILIER

– Du soleil ! j'ai crié, le lundi suivant, en regardant par mon soupirail.

En me mettant debout sur mon lit, j'apercevais une bande de ciel bleu.

J'ai fait irruption dans la chambre de ma mère. Elle dormait encore, mais je n'ai pas pu résister.

– Maman, il fait beau !

Elle a ouvert les yeux, encore ensuquée de sommeil, et a souri.

– Ah, il faut que je voie ça.

Aussitôt le petit déjeuner englouti, nous nous sommes habillés pour aller dehors.

– Mes copies et ton boulot attendront, a déclaré maman. On verra ça plus tard.

C'était bon de la voir d'humeur joyeuse.

En sortant, nous avons tous les deux cligné des yeux comme des taupes quittant leur terrier.

– Faisons un tour dans le quartier, et ensuite on s'offrira un bon chocolat chaud.

Nous avons fait une super promenade. J'ai questionné maman sur ses cours à la fac.

– Meilleur élève ?

– Facile. C'est une jeune femme, étudiante en génie mécanique. Elle s'appelle Annabelle. Elle s'est inscrite à mes cours uniquement parce qu'il lui faut des points en sciences humaines pour valider son cursus. Mais elle est brillante, et elle manie superbement la langue... J'aimerais bien qu'elle change d'orientation, mais d'un autre côté elle trouvera plus facilement un emploi avec un diplôme d'ingénieur qu'avec un diplôme de littérature !... Pauvre de moi, qu'est-ce que je vais devenir ?...

Je lui ai jeté un coup d'œil inquiet, mais elle souriait.

– Pire élève ?

Elle a ri.

– Facile aussi. Carl, étudiant en maths. J'espère qu'il est plus à l'aise avec les chiffres qu'avec les lettres, parce qu'il est incapable d'aligner deux mots. Quant à exprimer une pensée cohérente, n'en parlons pas... Et le plus exaspérant, c'est qu'il s'en fiche complètement.

– Amis ?

– Amis ?

– Tu t'es fait des amis ?

– Ah ! Euh... oui. Jane. Elle fait le même boulot que moi. On prend parfois un café ensemble entre deux cours.

C'était une bonne nouvelle, d'autant plus que maman était comme moi quand il s'agissait de se faire des amis : pas très douée. J'étais content qu'elle ait une copine, même si moi, je n'en avais pas.

Après notre promenade, nous nous sommes arrêtés devant chez *Yoka*, un petit café sur Broadway. Maman est entrée chercher nos chocolats chauds pendant que j'attendais dehors, absorbant les rayons du soleil. J'ai distraitement parcouru des yeux les annonces collées sur un poteau devant moi. La plupart faisaient de la pub pour des concerts rock ou des meetings politiques. Sauf une.

VOUS AIMEZ LE SCRABBLE ? REJOIGNEZ-NOUS AU CLUB DU WEST SIDE, LE MERCREDI SOIR À 19H00, À L'ÉGLISE UNIFIÉE DU WEST SIDE. Suivaient une adresse et un numéro de téléphone. Comme je n'avais pas de stylo sur moi, j'ai jeté un regard aux alentours, puis discrètement décollé l'affichette avant de la fourrer dans ma poche.

J'ai attendu que maman soit partie travailler pour frapper chez les Economopoulos. C'est Mme E qui m'a ouvert.

– Comment vas-tu, Ambrose ? On ne t'a pas beaucoup vu, ces derniers temps.

– Cosmo est là ? j'ai demandé.

Elle a eu l'air un peu perplexe, mais elle a disparu dans le couloir et je l'ai entendue crier à son fils qu'il avait de la visite.

Il a mis quelques minutes avant d'apparaître. En maillot de corps blanc et caleçon, les cheveux en pétard. On aurait dit qu'il se réveillait à peine.

– Qu'est-ce que tu veux ?

– Tu travailles de nuit ?

– Non, m'a-t-il répondu, un peu ahuri.

– Alors pourquoi on dirait que tu viens de te réveiller ? Il est cinq heures de l'après-midi. Tu ne devrais pas être en train de chercher du boulot ?

Il a tenté de me fermer la porte au nez, mais je me suis glissé dans l'embrasure.

– Ça ne doit pas être de la tarte de trouver du travail quand on a un casier judiciaire, hein ?

Il m'a lancé un regard mauvais.

– La prochaine fois que je vois les autres te tabasser, je crois que je me joindrai à eux, a-t-il lâché.

– Tu ne penses pas ce que tu dis.

J'ai sorti l'annonce de ma poche et je la lui ai tendue.

– Pourquoi tu me montres ça ?

– Je crois qu'on devrait y aller.

– Tu crois qu'on devrait y aller. Toi et moi. À un club de Scrabble.

– C'est trop loin pour que j'y aille à pied, mais toi, tu sais conduire.

Il s'est esclaffé bruyamment.

– T'es vraiment à mourir de rire, toi. Tu ne t'en rends même pas compte, mais c'est vrai. Tu es... légèrement autiste, un truc comme ça, non ?

– Va te faire foutre, j'ai répliqué.

C'est vrai, quoi ! C'était méchant, ce qu'il venait de dire. Et faux, j'en étais pratiquement sûr. Je ne suis *pas* autiste (*test, statue, tétais, étuis, tuais, usait, usité, étais, têtus, état*). Je le sais, j'ai vu *Rain Man*.

– Écoute, petit, je ne veux pas te vexer, mais je ne vais pas passer ma soirée avec une bande de pignoufs.

– Allez, ce sera marrant. Et tu n'es pas trop occupé, à ce que je vois, ai-je ajouté en indiquant son caleçon et son maillot, qui, à bien les regarder, étaient tachés. Pardon de te le dire, mais tu devrais prendre une douche. Tu cocottes un peu...

– Bye, Ambrose.

– Tu y réfléchiras ?

– Non.

– S'te plaît. Si tu n'y vas pas, je ne peux pas y aller non plus. J'ai besoin d'un chauffeur...

– *Ouah !* Mate un peu le pare-chocs de cette gonzesse ! a-t-il lancé en fixant quelqu'un derrière moi, bouche bée.

Je me suis retourné pour regarder dans la rue. Je n'ai vu qu'un vieux monsieur qui promenait son basset.

– Où ça ? Je ne...

La porte a claqué dans mon dos.

Le mercredi, en partant pour la fac, maman m'a prévenu qu'elle rentrerait peut-être un peu tard.

– Jane et moi, on ira boire un verre après le boulot.

– Pas de problème.

J'ai lu *Le Worldshaker* pendant un petit moment, après quoi je me suis forcé à avaler un peu du ragoût de thon caoutchouteux qu'elle m'avait préparé. Ensuite, j'ai enfilé mon coupe-vent, coiffé mon bonnet, et j'ai marché jusqu'à Broadway sous la pluie, avec le reste du ragoût dans une boîte à fromage blanc, pour le donner au père Paul. C'était un SDF qui se tenait souvent assis devant la pharmacie, qu'il pleuve ou qu'il vente. Je lui disais toujours bonjour quand maman et moi passions devant lui, même si cela ne plaisait pas à ma mère.

– Comment ça va, père Paul ? lui ai-je demandé ce soir-là.

– Pas mal, mon gars.

Je crois qu'il avait oublié mon prénom, même si je le lui donnais chaque fois que je le voyais, mais ce n'était pas grave.

– Vous aimez le ragoût de thon ?

– Il y a des carottes dedans ?

– Oui, mais vous pouvez trier.

Il a hoché la tête et pris la boîte.

– Désolé, je n'ai pas de fourchette.

– Ça ne fait rien, je trouverai des baguettes au restau chinois.

Je lui ai dit bonsoir et je m'en suis retourné. À quelques maisons de distance, j'ai repéré Cosmo devant chez lui, à côté de sa Camaro, en train de parler à quelqu'un. En me rapprochant, j'ai vu que ce « quelqu'un » était un type un peu plus vieux que lui, à l'air encore plus dur.

– Quoi ? T'as pas le temps de boire un coup avec ton meilleur pote ? disait celui-ci.

Sa voix était comme du gravier. Il avait de longs cheveux clairsemés, attachés avec un élastique, et portait un blouson de moto en cuir noir. Il était hyper baraqué, tout en muscles.

– C'est pas ça, Silvio. Mais j'essaie de ne pas replonger, cette fois, tu vois ?

– Sauf que c'est pas si simple, hein ? a répondu ledit Silvio d'une voix qui avait quelque chose de menaçant, pas comme celle d'un « meilleur pote ». On n'en a pas terminé, toi et moi.

– Je sais. Et j'y travaille. Mais je ne veux pas retourner là-bas, Sil...

– T'auras peut-être pas le choix, mon pote. Allez, juste un verre.

– Je te retrouve demain pour boire un café.

– Un café ?

Silvio était mort de rire, mais en même temps on voyait clairement qu'il ne trouvait pas ça drôle.

– C'est moi qui ai tout pris, ce soir-là, Sil. Tu ne crois pas que ça suffit ?

– Pas ma faute si t'as fait le casse sans m'attendre.

– Oncle Cosmo ?

Ça, c'était moi. C'était sorti tout seul.

Cosmo et Silvio se sont vivement tournés vers moi.

– Tu es prêt à m'emmener au club de Scrabble ? Ça commence dans une demi-heure.

Cosmo était tellement ébahi qu'il n'a rien répondu.

– T'as un neveu, maintenant ? s'est étonné Silvio.

– Allez, tonton Coz, on va être en retard.

Il a retrouvé sa voix.

– Bien sûr, on y va. Allez, monte.

Je me suis donc installé sur le siège passager de sa Camaro, et il a fait le tour pour rejoindre le côté conducteur. J'ai entendu Silvio :

– Je repasserai une autre fois.

– Ça marche, Sil.

Alors Cosmo est monté, il a démarré, et hop, nous voilà partis.

L'intérieur de sa voiture était d'une propreté impeccable. Un petit sapin désodorisant se balançait même au rétroviseur. Sa conduite n'était pas franchement reposante, mais puisque maman et moi n'avions jamais eu de voiture et prenions toujours le bus, j'ai décidé de me détendre et de profiter de l'instant.

Nous avons gardé le silence un moment, avant que Cosmo ne reprenne la parole.

– « Tonton Coz » ?

J'ai haussé les épaules.

– Coz, Cosmo... C'est marrant, comme prénom.

– Pardon ?

– Pas marrant *ha ha*. Marrant comme « pas courant ». Comme mon prénom à moi, Ambrose.

– Non. Ambrose, c'est marrant *ha ha*.

– Pas du tout. C'était le prénom de mon père.

– Attends que je devine. Il s'est tiré parce que tu étais trop pénible.

– Non. Il est mort.

C'est étonnant l'effet que ces trois mots ont sur les gens quand c'est un enfant de mon âge qui les dit. Parfois, cela m'amuse presque à voir. Ça n'a pas raté avec Cosmo. Il est devenu tout silencieux, et puis il a fini par souffler :

– Je suis désolé.

– Pas grave. Je n'étais même pas né quand c'est arrivé.

– Qu'est-ce qu'il lui est arrivé ?

– Rupture d'anévrisme. Un jour, comme ça, *bim*, ça a pété.

– C'est pour ça que ta mère est un paquet de nerfs ?

Je n'avais jamais pensé à elle de cette manière, mais je n'ai rien trouvé d'autre à répondre que :

– Sans doute.

– Elle n'a jamais rencontré personne d'autre ?

– Pas vraiment. Pendant un moment, elle est sortie avec un professeur, à Regina, quand j'étais petit. Phil. Je l'aimais bien, Phil. Mais un jour, comme ça, elle a cessé de le prendre au téléphone.

– Hm.

– Et puis il y en a eu un à Kelowna, mais elle n'est sortie avec lui que deux fois.

– Vous avez souvent déménagé ?

J'ai encore haussé les épaules.

– Elle est chargée de cours à la fac. C'est à peu près comme prof, mais sans la sécurité de l'emploi. On se déplace avec le boulot.

Je ne lui ai pas dit que, à part la fois où elle avait été virée, c'était souvent elle qui décidait de faire les valises et de partir ; qu'au bout de deux ou trois ans elle se décourageait en comprenant qu'on ne lui proposerait jamais un plein temps. Alors elle se dégotait un nouveau contrat dans une nouvelle ville universitaire.

À travers ma vitre, je regardais défiler les maisons, qui étaient de plus en plus belles et grandes à mesure que nous gravissions la colline.

– Tu n'as pas vraiment assassiné un enfant, n'est-ce pas ?

– À ton avis ?

– Non.

– Eh ben, t'as raison.

– Alors pourquoi tu as fait de la prison, en vrai ?

Il a eu une hésitation avant de me répondre.

– J'ai fait des casses. Des cambriolages chez les gens.

– Tu volais leurs affaires ?

Il a fait oui de la tête.

– La première fois, j'ai juste écopé d'une peine avec sursis, mais la deuxième, la juge s'est dit qu'il fallait marquer le coup : elle m'a condamné à six mois fermes.

– Eh bé ! On t'a laissé en liberté la première fois et tu as recommencé quand même ?

Cosmo a hoché la tête sans rien dire.

– Il faut être complètement crétin ! ai-je insisté.

Pendant une seconde, il a eu l'air surpris, mais ensuite il s'est mis à rire.

– T'as pas tort. La vérité, c'est que j'étais toxicomane, aussi. J'avais besoin d'argent pour me payer de la came. Dans ces cas-là, on ne réfléchit pas beaucoup.

– Tu es toujours un drogué ? ai-je demandé en posant la main sur la poignée de la porte, calculant que je pourrais toujours sauter au prochain stop s'il s'avérait que Cosmo conduisait sous l'influence de substances psychotropes.

Ça l'a fait rire encore plus franchement.

– Un drogué ?

– Alors, oui ou non ?

– Non. J'ai suivi une cure de désintox en prison. Mais je vais toujours deux fois par semaine à des réunions des NA.

– Des NA ?

– Les Narcotiques anonymes. C'est comme les Alcooliques anonymes, mais pour la drogue.

– Et le type, là, Silvio, tu le connais d'avant ?

Il a serré le volant plus fort.

– On était amis. Et... associés.

– Vous faisiez vos cambriolages ensemble.

– Voilà.

J'ai regardé le tatouage sur son bras.

– Il est moche, ton tatouage.

Il m'a lancé un regard en coin.

– Et toi, il est moche, ton bonnet.

– C'est ma mère qui me l'a tricoté, ai-je dit, vexé. Et moi, au moins, je peux l'enlever.

– C'est bon, t'as gagné. Et maintenant, si tu me disais, en vrai, pourquoi tu ne vas pas au collège comme tout le monde ?

– Je te l'ai déjà dit. Trois élèves ont essayé de me tuer.

– Les trois qui te démolissaient l'autre jour ?

– C'est ça.

– Ils ont vraiment essayé de te tuer ?

– Je suis allergique à l'arachide. Ils ont mis une cacahuète dans mon sandwich, et j'ai failli en mourir.

De nouveau, il m'a lancé un regard en biais.

– C'est tellement tordu que ça doit être vrai.

À travers le pare-brise, j'ai avisé une église bleue et moderne au coin de la rue.

– C'est là.

Cosmo s'est garé. Il n'était pas plus tôt descendu de voiture qu'il a allumé une cigarette.

– Bon, tu m'as rendu un fier service, là-bas, a-t-il dit en inhalant la fumée. Alors va voir combien de temps ça dure, et je reviendrai te chercher quand tu auras fini.

– Pas question. Tu viens avec moi.

– Non.

– Si.

– Non.

– Excusez-moi, vous cherchez le club de Scrabble ?

C'était une femme, qui descendait d'une vieille Mazda jaune banane de l'autre côté de la rue, une pile de boîtes de Scrabble dans les bras. Elle avait à peu près l'âge de Cosmo. Ses cheveux roux lui arrivaient aux épaules, et elle était très bien roulée. Elle portait un jean moulant et un pull superbe, avec un gros soleil dessus. Ce qui ne cachait pas complètement le fait qu'elle avait de jolis seins.

En un mot comme en cent, elle était spectaculaire. C'est sans doute aussi ce que pensait Cosmo, car il la dévisageait la bouche ouverte.

– Le club de Scrabble, a-t-elle répété. C'est ce que vous cherchez ?

Comme Cosmo n'avait toujours pas retrouvé sa langue, j'ai répondu que oui.

– Eh bien, vous êtes au bon endroit. Je m'appelle Amanda, et c'est moi qui anime le club. Entrez !

Elle a souri. Elle avait les dents légèrement en avant, ce qui, bizarrement, la rendait encore plus jolie.

Je me suis tourné vers Cosmo : je comptais insister pour qu'il vienne, mais ça n'a pas été nécessaire.

Il avait déjà écrasé son mégot et suivait Amanda à l'intérieur.

14. NRTTUAFSIOR

souriant, forains, rotatifs, atouts, attirons, torturais, triturons, sortir

FRUSTRATION

Le club de Scrabble du West Side se réunissait au sous-sol de l'église, dans une grande salle qui servait aussi pour le catéchisme. Je l'ai deviné à cause des images accrochées partout aux murs : le petit Jésus dans les bras de sa mère, Marie ; et Jésus, plus grand, jouant avec des agneaux, parlant à ses disciples, ou tendant ses mains pleines de poissons et de pains. Sur un tableau noir, les paroles du chant « Jésus aime les petits enfants » étaient soigneusement calligraphiées, et les tables et les chaises étaient courtes sur pattes. Cela ressemblait fort à la salle de catéchisme que nous avions un peu fréquentée à Regina, pendant la brève période religieuse de maman. Cela n'avait duré que six mois, après quoi elle s'était lassée et nous n'y étions jamais retournés.

– Vous jouez depuis longtemps, tous les deux ? a demandé Amanda en installant une caisse à monnaie sur la table à côté de l'entrée.

Cosmo et moi étions les premiers arrivés.

J'ai regardé Cosmo.

– Seulement depuis l'an dernier, a-t-il répondu.

– Moi, depuis que j'ai huit ans, ai-je proclamé. Je bats ma mère à tous les coups !

– Bien, voici comment ça fonctionne. Vous payez trois dollars chacun pour trois parties...

– Trois parties ? a dit Cosmo. Je ne sais pas si on pourra rester si longtemps.

– Il faut absolument disputer trois parties, sinon toute la rotation entre joueurs est bouleversée. En général, cela prend environ trois heures.

– C'est parfait ! me suis-je empressé de lancer, calculant qu'avec Cosmo au volant je serais rentré bien avant ma mère.

Puis j'ai souri à « tonton Coz ».

– Tu me prêtes trois dollars ?

Il a soupiré, levé les yeux au ciel, mais je suppose qu'il ne voulait pas passer pour un radin devant Amanda, car il a payé pour nous deux.

– Il y a trois niveaux : débutant, confirmé et expert, nous a expliqué Amanda.

– Vous pouvez me mettre en confirmé, ai-je annoncé fièrement.

Elle a souri et j'ai de nouveau remarqué ses jolies dents en avant.

– Ah, désolée, jeune homme, tu devras commencer au niveau débutant, c'est automatique. Mais si tu gagnes beaucoup de parties et que tu disputes un tournoi ou deux, ta cote grimpera vite. Et comme nous avons pas mal de débutants en ce moment, tu pourras jouer contre trois personnes différentes ce soir.

– Et moi, je peux jouer contre vous ? lui a demandé Cosmo avec un sourire que je ne lui avais jamais vu.

Le gros dur fondait comme neige au soleil et il avait soudain l'air d'un petit garçon. Il était presque charmant.

– Non, s'est-elle esclaffée. Je suis au niveau confirmé. Venez, que je vous montre où vous installer.

Pendant qu'elle nous guidait jusqu'à notre table, Cosmo m'a donné un coup de coude.

– Retire ton bonnet, m'a-t-il soufflé entre ses dents. T'as l'air d'un débile.

Je lui ai tiré la langue, mais j'ai obéi et fourré le bonnet dans la poche de mon manteau.

D'autres personnes commençaient à nous rejoindre. Ces gens étaient bien plus âgés que moi, mais, ce détail mis à part, ils étaient tous différents : des gros, des maigres, des petits, des grands, des Blancs, des Noirs, des jeunes comme Cosmo ou des vieux comme Mamie Ruth. Une femme en tailleur strict semblait venir directement du travail. Beaucoup de gens étaient en jean. Une très grosse femme est arrivée, vêtue de rose des pieds à la tête, dans toutes les teintes et toutes les nuances. Un grand maigre aux épaules voûtées était en jogging avec des sandales sans chaussettes, par ce temps humide et glacial. Son pantalon était taché de moutarde.

– Je n'ai pas pensé à apporter mon jeu, ai-je dit à Amanda en m'installant à notre table.

– Tu n'en as pas besoin. C'est moi qui les fournis. Uniquement des boîtes avec jetons en plastique. Vous devinez pourquoi ?

Cosmo et moi, nous avons tous les deux répondu par un haussement d'épaules. Elle a alors ouvert deux boîtes de Scrabble et m'a tendu un jeton en bois et un autre en plastique.

– Touchez.

Ce que j'ai fait, avant de les passer à Cosmo.

– On sent la lettre sur le bois, a-t-il constaté. Elle est un peu en creux.

– Exact. Certains joueurs arrivent à deviner les lettres dans le sac, ou à reconnaître les jokers.

Elle nous a fait asseoir et a commencé à installer un plateau de jeu.

– En tant que nouveaux arrivants, vous allez bénéficier de ce que nous appelons « les trois semaines de grâce ». C'est-à-dire que pendant trois semaines vous pourrez contester un mot posé par l'adversaire sans perdre votre tour si c'est vous qui avez tort. Pareil dans l'autre sens, si votre adversaire conteste un de vos mots et qu'en effet il n'est pas accepté, vous ne passez pas un tour. Vous avez aussi le droit de vous servir de l'« antisèche », la liste de tous les mots de deux lettres qui sont acceptés.

Elle nous a tendu une liste. J'en connaissais certains, mais pas tous, loin de là.

– Xi ? ai-je demandé.

– Eh oui, c'est la quatorzième lettre de l'alphabet grec.

– Nooon...

– Je t'assure ! Et aussi, si vous dépassez la limite de vingt-cinq minutes de réflexion, vous ne serez pas pénalisés. Mais après trois semaines, vous récolterez dix points de pénalité pour chaque minute de dépassement.

Alors ça, c'était nouveau pour moi.

– On est limités dans le temps ?

– Oh, oui. Sinon, les parties n'en finiraient pas.

Il était fréquent que mes parties avec ma mère n'en finissent pas.

– Comment sait-on combien de temps il nous reste ?

– Il y a des minuteurs, a-t-elle expliqué en nous montrant un drôle de boîtier avec deux boutons sur le dessus et deux cadrans indiquant « 25 : 00 ». Si vous êtes le premier à jouer, votre adversaire enfonce votre bouton au moment où vous découvrez vos jetons. Quand vous avez terminé, vous annoncez votre score et appuyez sur votre bouton, ce qui stoppe votre compteur et démarre celui de l'adversaire.

Mon estomac s'est serré. Maman et moi n'avions jamais joué avec un minuteur, pas même un sablier. Mais il était maintenant dix-neuf heures, et Amanda nous présentait aux autres débutants. Je jouerais ma première partie contre Cosmo, et la deuxième contre un monsieur plus âgé prénommé Mohammed, un moustachu basané affublé d'un maillot de l'équipe de hockey de Vancouver. Mon troisième adversaire serait l'énorme femme en rose. Elle s'appelait Joan.

J'ai battu Cosmo. Cela n'a pas été difficile : il n'arrêtait pas de regarder Amanda au lieu de se concentrer sur le jeu. Score final : 242 à 173.

Lorsque mon tour est venu d'affronter Mohammed, j'étais déjà un peu moins stressé par le minuteur et un peu plus confiant.

– Je bats ma mère à tous les coups, lui ai-je annoncé.

– Et moi, je bats mes compagnons de chambre à tous les coups, a-t-il répondu. En fait, je suis venu ici parce qu'ils ne voulaient plus jouer avec moi.

– Vous m'avez l'air un peu vieux pour avoir des compagnons de chambre.

Cosmo, qui jouait contre Joan à côté de moi, m'a entendu et m'a donné un grand coup de coude.

– Excusez-le, il n'a pas de filtre, a-t-il expliqué à Mohammed. Il dit tout ce qui lui passe par la tête.

Notre partie a démarré. Je jouais en premier et j'ai posé ARMER, ce qui n'était pas fameux, car toutes les lettres ne valent qu'un point, sauf le M, qui en vaut deux, mais j'ai casé le A sur un « lettre compte double » et, étant le premier, j'ai pu utiliser l'étoile du milieu pour doubler mon score.

– Quatorze points, ai-je dit en enfonçant le bouton de mon minuteur.

Presque immédiatement, Mohammed a posé DES devant mon ARMER pour former DESARMER. Le D était placé sur la case « mot compte triple ».

– Trente, a-t-il annoncé en notant son score, car il comptait les points pour nous deux.

J'ai posé ROUGE en récupérant le premier R de DESARMER, et grâce à un « mot compte double », j'ai récolté douze petits points.

Mohammed m'a alors assommé avec un AQUEUX dont le A s'ajoutait à DESARMER, récupérant ainsi les points des deux mots (y compris un Q et un X « lettre compte double »), pour un total de cinquante et un points.

Et la partie s'est poursuivie ainsi, d'une humiliation à la suivante. J'ai beaucoup contesté ses choix, sur des mots comme PSOQUE, ULLUCUS ou TYPOTES. Chaque fois, nous sommes allés vérifier sur un ordinateur équipé de l'ODS, l'*Officiel du Scrabble*. Tous ses mots étaient acceptés.

– Mais c'est idiot, ai-je grommelé. Personne ne se sert jamais de ces mots.

Mohammed a haussé les épaules.

– Du moment que c'est dans l'ODS, ça compte.

– Quand même, c'est idiot.

Mohammed a gagné, 317 points à 220. Jamais je ne m'étais fait écraser de la sorte.

– Sois patient, m'a-t-il conseillé. Tu vas faire des progrès. J'étais exactement comme toi quand je suis arrivé ici : bon joueur du dimanche, mais ça... (il embrassait la salle du geste) ça, c'est entièrement autre chose.

– J'ai eu un mauvais jeu.

Enfin, j'ai affronté Joan. Elle a utilisé toutes ses lettres à trois reprises au cours de la partie. J'ai découvert que cela portait un nom : cela s'appelait « faire un bingo ». Chaque fois, elle recevait cinquante points de bonus. J'ai dû contester six de ses mots et, à part un, tous étaient acceptés.

– C'est absurde. Qu'est-ce que c'est qu'un AXOLOTL, franchement ?

– On s'en fiche, c'est dans l'ODS.

Et sur ces mots, elle a encore fait un bingo.

À côté de nous, Mohammed en avait terminé avec Cosmo. Celui-ci avait perdu ses trois parties, mais cela ne semblait pas le déranger. Amanda n'a pas pu jouer sa troisième partie, parce qu'il manquait un joueur, et j'ai vu Cosmo filer droit sur elle et se mettre à la baratiner. Il devait dire beaucoup de choses très drôles, car elle a beaucoup ri.

Le score final de ma partie contre Joan était humiliant : 385 à

223. Je me suis levé tellement vite que j'ai renversé ma petite chaise. Je n'ai pas pris la peine de la redresser. J'ai bien vu que Joan et Mohammed échangeaient à voix basse des commentaires sur ma piteuse performance pendant que Mohammed ramassait la chaise, mais je m'en fichais. Tout ce que je voulais, c'était sortir de là. J'ai rejoint Cosmo à grandes enjambées décidées en enfonçant mon bonnet multicolore sur ma tête.

– On se tire, j'ai dit.

– On vous revoit la semaine prochaine ? a demandé Amanda.

Mais j'étais déjà sorti.

Dans la voiture, en rentrant, Cosmo fredonnait. Oui, il fredonnait.

– Je ne vois pas ce qui te rend si joyeux, ai-je fini par lui faire remarquer. Tu as perdu toutes tes parties.

– Et alors ? Je ferai des progrès. Et puis c'est juste pour s'amuser.

– Tu veux dire que tu vas y retourner ?

Cela m'étonnait et me contrariait en même temps.

Il a haussé une épaule.

– Mais oui ! Et toi aussi.

– Non.

– Si.

– Non.

– Quoi ? Le gros bébé ne veut pas retourner là-bas parce qu'il a perdu ? a-t-il fait d'une voix moqueuse. Allez, Ambrose, tu es un dur !

– C'était idiot. Ces gens étaient des crétins. Non mais tu as vu la grosse en rose ? On aurait dit une meringue géante.

– Quel rapport ? Et puis, je ne veux pas te vexer, mais tu as un bonnet à pompon. Et encore, j'ai évité de mentionner ton futal.

– Qu'est-ce qu'il a, mon futal ?

Je l'adorais, moi, ce pantalon en velours violet. Je l'avais trouvé chez Tout pour Rien et il m'allait parfaitement.

Cosmo a ouvert la bouche pour dire quelque chose, mais l'a refermée.

– Rien. Il n'a rien du tout, ton fute en velours violet.

– Moi, je le trouve classe.

– Bon, écoute. Je t'ai vu jouer. Tu es doué. Il se trouve simplement que ces gens sont meilleurs que toi. Pour l'instant.

– Tu veux y retourner uniquement parce que tu craques pour Amanda.

Il m'a fait un grand sourire.

– Appelle ça comme tu veux. Elle est mignonne à croquer, non ?

– Elle a sûrement un mec.

– Eh non. Je lui ai posé la question.

– Alors vas-y tout seul. Tu n'as pas besoin de moi.

– En fait, si. Tu es ma couverture.

– Ta quoi ?

– Ma couverture. Mon excuse. (Il a hésité un instant avant de tout avouer.) Je lui ai raconté que j'étais ton grand frère.

– Mon grand frère ? Mais il n'y a aucune ressemblance !

– Pas ce genre de grand frère. Un Grand Frère, tu vois ? Un de ces jeunes hommes valeureux qui prennent sous leur aile un garçon sans père. Pour lui offrir un modèle masculin.

Là, je lui ai ri au nez. C'était plus fort que moi. J'ai ri tellement fort qu'une bulle de morve m'est sortie du nez et que j'ai dû l'essuyer sur ma manche.

– Qu'est-ce qu'il y a de drôle ?

– L'idée de t'avoir, toi, comme modèle.

– Il n'y a pas de quoi rire.

– Au contraire !

– Allez, Ambrose, sois sympa. Reviens avec moi la semaine prochaine.

– Non.

– Ah, alors c'est comme ça que tu fonctionnes ? (Il a repris sa voix de bébé.) Quand ça ne va pas comme il veut, le petit Ambrose s'enfuit en courant ?

– Tu vas la boucler, oui ?

– Bonne réplique, vraiment, excellent. Bien trouvé. Chapeau.

Mais ensuite il l'a fait. Il l'a fermée, je veux dire.

Et nous n'avons plus échangé un mot jusqu'à la maison.

15. R U E I V S T I

vitres, vertus, viseur, ivres, iris, verts, étuis, usité

VISITEUR

Mais il faut croire que c'est vrai qu'il ne faut jamais dire « jamais », car le mercredi suivant je me barbais encore davantage. On peut même dire que je touchais le fond de la barbitude. Je sais bien que ce mot n'existe pas, mais si certains des mots employés dans les clubs de Scrabble existent vraiment, alors je vote pour que BARBITUDE existe aussi.

En partant travailler, ma mère m'a redit qu'elle irait peut-être boire un verre avec Jane.

– Je serai rentrée avant minuit, et de toute manière je prends mon portable.

– Super, j'ai dit. Ne t'en fais pas pour moi, je vais passer encore une soirée de folie à la maison avec moi, moi et puis aussi moi, et je vais me choisir un programme au poil dans le vaste choix offert par notre télé à une chaîne.

Ses traits se sont chiffonnés et j'ai aussitôt regretté ce que je venais de dire.

– Je fais ce que je peux, Ambrose.

– Je sais, m'man, je sais, me suis-je empressé de répondre.

J'ai fait des réussites jusqu'au moment où j'ai entendu M. et Mme E partir pour leur soirée danse hebdomadaire au centre culturel grec, après quoi je suis sorti et j'ai pris place sur le siège passager de la Camaro de Cosmo.

S'il s'est étonné de me voir là en sortant de chez lui à sept heures moins dix, il n'en a rien montré. Il est monté, a démarré, et a seulement lâché :

– Cette semaine, c'est toi qui paies pour nous deux.

J'ai fait un score encore pire ce soir-là, perdant mes trois parties, y compris celle contre Cosmo, ce qui était carrément offensant.

– Tu verrais les lettres que j'ai tirées ! lui ai-je dit sur le chemin du retour. Même un singe aurait pu me battre avec des tirages pareils.

Cosmo, lui, sifflotait.

– Eh ben, mon ami ! Je ne t'aurais pas cru si mauvais perdant.

Mais même si j'avais perdu, j'avais eu un petit déclic. Je commençais à voir le plateau de jeu différemment, ou au moins à comprendre comment certains de mes adversaires, comme Mohammed et Joan, le voyaient. Et même si j'étais de mauvais poil en sortant, je ne m'étais pas ennuyé une seconde.

Désormais, pendant mes soirées passées seul à la maison, je potassais. Amanda m'avait photocopié des listes, et j'apprenais par cœur tous les mots de deux lettres, les mots avec un Q mais pas de U, et tous les usages qu'on peut faire du W.

Lors de notre quatrième visite au club de Scrabble, début mars, j'ai gagné une partie contre Joan, grâce à un superbe AZERTY « mot compte triple » dont le Z complétait son QUI pour faire QUIZ. Je l'ai battue 303 à 299, principalement parce qu'il lui restait des lettres qui se sont ajoutées à mon score, mais je m'en fichais. J'avais gagné, et en plus, pour la première fois de ma vie, je franchissais la barre des 300. La victoire était si douce que j'ai bondi sur ma chaise pour exécuter une petite danse de victoire en agitant les poings et en chantant : « Yesss, yesss, yesss ! »

– Ça va, le melon ? Tu ne vas plus passer les portes, m'a dit Joan.

– Elle ne s'est pas regardée, cette dondon, ai-je soufflé dans ma barbe.

Quand j'ai levé la tête, j'ai vu que son visage était comme tout ramolli. Un instant, je me suis demandé si elle m'avait entendu.

Mais j'ai décidé que non. Elle était simplement vexée d'avoir perdu contre un petit génie de douze ans.

Dans la voiture, en rentrant, Cosmo fredonnait à nouveau, même s'il avait encore perdu trois parties d'affilée.

– Qu'est-ce que tu fais vendredi soir ? m'a-t-il demandé.

– Moi ? Rien. Pourquoi ?

– J'ai invité Amanda à venir au bowling avec nous.

– Nous ?

– Nous.

– Je déteste le bowling.

Je n'ai pas précisé que je détestais tous les sports.

– Tu as mieux à faire ?

– J'ai pas dit ça.

La vérité, c'est que n'importe quelle sortie un vendredi soir, même au bowling, me disait plus que rester encore à la maison à regarder le journal du soir présenté par Peter Mansbridge. Notez que je n'avais rien contre Peter Mansbridge. Et même, je l'aimais beaucoup. Son visage et son allure me réconfortaient. Parfois, j'allais jusqu'à imaginer que c'était mon père et qu'il allait rentrer du boulot à peu près en même temps que maman. Cela se passait dans une autre maison, bien plus grande, comportant des pièces appelées « pièce télé », « petit bureau » ou « solarium », et il serait fatigué d'avoir encore annoncé les nouvelles à tous les Canadiens, mais pas trop fatigué pour me demander des nouvelles de ma journée et me promettre une partie de ballon dans le jardin. Ensuite, ma mère et lui me mettraient au lit, m'embrasseraient, me souhaiteraient une bonne nuit et rejoindraient leur chambre en se tenant par la main.

Et puis, juste après, je culpabilisais d'avoir imaginé quelqu'un d'autre, n'importe qui, à la place de mon père.

– Il faut que je t'avoue quelque chose, était en train de me dire Cosmo. Elle croit que c'est une de tes activités avec ton Grand Frère.

J'ai poussé un gros soupir.

– Mais pourquoi tu es allé lui raconter ça ?

– Je ne sais pas. J'ai été bête. J'avais envie qu'elle pense...

– Que tu es meilleur que tu n'es.

Il a ri et s'est montré lui-même du doigt.

– Comment m'en vouloir ?

– En effet, ai-je répondu, ce qui, allez savoir pourquoi, l'a fait rire encore plus fort. Elle sait que tu fumes ?

– Elle m'a vu fumer, oui.

– Elle sait que tu es au chômage et que tu vis chez tes parents ?

– Elle sait que je suis à la recherche d'un emploi et que je loge temporairement chez mes parents, oui.

– Elle sait que tu es un ancien taulard et ancien toxico ?

– Non, a-t-il asséné fermement. Et tu vas la boucler. Je le lui dirai quand je serai prêt.

Nous avons gardé le silence un instant, et puis il a dit, avec une pointe d'impatience :

– Bon, tu marches, ou pas ?

Je marchais, quoi qu'il arrive. Mais j'ai vu là une petite fenêtre de tir, et j'en ai profité.

– Je marche, à une condition.

– Laquelle ?

– Tu m'apprends à me défendre.

– Laisse tomber.

– Tu m'as dit toi-même que j'avais besoin d'apprendre.

– Je voulais parler d'un prof de karaté, ou de taekwondo, ce genre de trucs.

– On n'aura jamais les moyens. Et même si on les avait, maman ne me laisserait jamais faire ça. Elle croit que c'est violent.

– Alors elle ne voudrait pas non plus que je t'apprenne.

– Juste quelques petites techniques ? Allez.

Il a soupiré en se garant devant la maison.

– Bah, je suppose que si quelqu'un en a besoin, c'est bien toi.

– Comment ça, « c'est bien moi » ?

Il m'a regardé droit dans les yeux.

– Admets-le, Ambrose. Tu hérisses le poil de pas mal de monde.

– Pas du tout. (Mais je savais que c'était vrai.) Alors, marché conclu ?

– Marché conclu.

Nous nous sommes serré la main. Il avait une sacrée poigne. Je suis descendu de voiture en remuant les doigts pour y faire revenir les sensations. J'étais sur le point de contourner la maison pour rejoindre notre entrée, lorsque Mme E est apparue sur le seuil, en chemisier et jupe à fleurs assortis. Je n'avais même pas remarqué leur voiture dans l'allée. Ils n'étaient pas censés être rentrés du centre culturel. Réfléchissant à toute vitesse, je me suis baissé pour ne pas être vu, m'abritant derrière la Camaro.

– Maman, tu es rentrée en avance ! a dit Cosmo.

– Ton père a ses aigreurs d'estomac, a-t-elle répondu en se hâtant de descendre les marches pour le rejoindre. Ce garçon, il est venu te voir. Ton vieil ami Silvio.

Cosmo n'a pas répondu tout de suite.

– Qu'est-ce qu'il voulait ?

– Il dit qu'il doit te parler. Je ne l'aime pas, Cosmo. (Elle avait l'air toute bouleversée.) Tu m'as dit que tu ne traînais plus avec des voyous comme lui.

– C'est vrai, maman. Je te jure.

– Il m'a demandé de te donner ça.

Il y a eu un bref silence, puis un bruit de papier froissé. Ensuite, j'ai vu une boule de papier tomber de l'autre côté de la voiture.

– Allez, maman. Rentrons.

J'ai attendu d'entendre leur porte se refermer, après quoi je me suis redressé et j'ai couru ramasser le papier.

Une fois rentré chez nous, je me suis enfermé à clé et j'ai mis mon pyjama à fusées. Là, enfin, j'ai défroissé la feuille.

Un seul mot était écrit dessus, un mot que je n'avais jamais vu, même au club de Scrabble : UOME.

C'est seulement plus tard, couché dans mon lit, en contemplant mes étoiles phosphorescentes et en attendant le retour de ma mère, que j'ai compris.

UOME. *You owe me*. Traduction : tu me dois de l'argent.

16. H I C S N N O

coins, nions, honnis, chions, nos, chinons, soin, sinon

NICHONS

Mme E m'a lancé un regard soupçonneux quand j'ai frappé à leur porte de derrière, à cinq heures, pour venir chercher Cosmo. Les mains couvertes de farine, elle portait un tablier. Je voyais de la pâte à pain lever sur le comptoir de la cuisine, derrière elle.

– Qu'est-ce que vous trafiquez, tous les deux ? m'a-t-elle demandé en attendant que son fils se pointe.

– Il va m'apprendre à me défendre. Mais ce n'est peut-être pas indispensable d'en parler à ma mère.

Elle m'a scruté un instant.

– Vous n'allez pas faire de bêtises, au moins ?

– Non, madame E, vous avez ma parole.

– Alors je n'ai rien vu.

Elle m'a fait un clin d'œil et est retournée à ses fourneaux, juste au moment où Cosmo arrivait, en débardeur et pantalon de survêtement.

– J'espère que tu ne vas pas t'habiller comme ça pour notre rencard avec Amanda, ai-je lancé en sortant avec lui dans le jardin.

– *Notre* rencard ? (Il m'a donné une tape sur la tête, mais pas fort.) Bon, très bien. Je me change si tu ne mets pas ton bonnet. Ni ton pantalon en velours violet.

– Je te l'ai dit, je l'aime bien, ce pantalon. Et mon bonnet aussi.

Il a inspiré à fond, et a juste lâché :
– Je sais.

Il faisait étonnamment doux pour un mois de mars, et le soleil jouait à cache-cache avec les nuages. Des crocus jaunes et violets perçaient partout dans le jardin. Cosmo avait accroché un vieux sac de boxe à une branche d'érable. Il le tenait pendant que je tapais. J'avais toujours eu envie d'essayer, mais je ne me serais pas attendu à ce que ça fasse aussi mal. Ça fait *très* mal.

– Ça deviendra plus facile quand tu prendras de la force, m'a expliqué Cosmo.

J'ai regardé ses bras musclés, puis les miens, maigrichons, et une vague de découragement m'est soudain passée dessus.

– Ça ne vaut peut-être pas le coup.

– Ne sois pas ridicule. C'est comme pour le Scrabble. Ça prend du temps. Allez, à terre, fais-moi vingt-cinq pompes.

Vingt-cinq pompes, ça m'a déjà tué, mais nous n'avions pas terminé, loin de là.

– Maintenant, je vais t'apprendre quelques techniques de blocage.

– Je ne veux pas apprendre à bloquer. Je veux apprendre à me battre, j'ai dit - même si là, tout de suite, je n'avais qu'une envie : me réfugier dans ma chambre pour faire la sieste.

– Une étape à la fois, Ambrose. Allez, essaie de me donner un coup de poing dans la figure.

– Je ne peux quand même pas...

– Bien sûr que si.

Bon, très bien. J'ai tenté de le frapper.

Cosmo a prestement levé le bras droit, coude plié, et a arrêté mon poing sans problème.

– Tu peux faire mieux que ça. Mets-y de la force.

J'ai donc réessayé, plus fort cette fois, et de nouveau il a paré le coup sans difficulté.

– Sans vouloir te vexer, Ambrose, tu tapes comme une fille.

– Je *suis* vexé.

Il m'a montré les parades haute et basse.

– La parade, c'est ta ligne de défense n° 1 contre les crétins comme ceux de ton ancien collège, m'a-t-il dit. Maintenant, essaie de m'arrêter.

Il m'a lancé un coup de poing, pas trop fort, et j'ai vivement levé le bras.

– J'ai réussi ! ai-je clamé.

Mais, tout à ma joie, je n'ai pas vu venir le coup suivant. Il m'a cueilli à l'estomac. Je me suis plié en deux, la respiration coupée, mais sans douleur.

– Oh purée, Ambrose, pardon, a dit Cosmo pendant que je reprenais mon souffle. Ça va ?

J'ai hoché la tête... puis je l'ai frappé au ventre, par surprise. Il a eu l'air plus étonné qu'autre chose, et il a éclaté de rire.

– Tu apprends vite, m'a-t-il félicité.

Cette fois, j'ai senti une bulle de joie enfler en moi.

Après cela, Cosmo a décidé que nous avions suffisamment travaillé le haut du corps. Moi, j'étais prêt à arrêter, mais il est allé chercher un ballon de foot dans la cabane à outils.

– Je ne joue pas au foot. Je déteste le foot.

– Tu n'y as jamais joué.

– Parce que je déteste ça.

– Tu détestes ça parce que tu as peur d'être ridicule.

– Je n'ai pas *peur* d'être ridicule : je *suis* ridicule. Je le sais, ça m'est arrivé souvent.

– Eh bien, tu ne peux pas être ridicule devant moi.

Nous avons donc joué au foot pendant un moment, et j'étais nul, mais il avait raison : je ne me sentais pas gêné, pas ridicule. Vers la fin, j'ai même réussi un shoot magnifique, et Cosmo m'a tapé dans la main. Une petite décharge électrique m'a traversé les entrailles parce que, sauf en cours de gym, je n'avais jamais tapé dans une balle avec qui que ce soit, hormis peut-être Phil une fois ou deux, avant que maman cesse de lui répondre au téléphone.

Une fois le ballon de foot rangé, Cosmo a allumé une cigarette.

– Tu prends un grand soin de ta bagnole, mais tu remplis ton corps de poison, ai-je dit en l'observant.

– C'est ma seule drogue en ce moment. C'est déjà pas si mal.

– Pourquoi tu as commencé à te droguer ?

Il a haussé les épaules.

– J'étais un peu largué. Je ne savais pas quoi faire de ma vie.

– Moi non plus, je ne sais pas quoi faire de ma vie, et je ne me drogue pas pour autant.

Il m'a souri.

– C'est compliqué. J'étais déprimé. En colère. J'étais en pleine confusion... Un ami m'a proposé quelque chose un soir dans une fête, et je me suis senti beaucoup mieux. Pendant une période, la drogue m'a aidé à aller de mieux en mieux. Et puis c'est allé de pire en pire, mais à ce stade j'étais déjà accro. (Il a écrasé son mégot par terre.) Que veux-tu que je te dise, Ambrose ? On peut prendre plein de chemins dans la vie. Je me suis trompé à un carrefour.

– Tu dois combien à Silvio ?

– Quoi ?

– UOME. J'ai lu son mot.

– Pourquoi tu as fait ça ?

– Tu l'avais laissé par terre. C'était tentant.

– Mais quel boulet tu fais, des fois !

– Tu vas me le dire, oui ou non ?

Cosmo a soupiré.

– Je lui dois un peu d'argent.

– Combien ?

– Deux mille.

J'ai sifflé, ou du moins essayé (je n'ai jamais vraiment maîtrisé le sifflement).

– Ça fait beaucoup.

– Il me les a prêtés juste avant le dernier casse. On devait le faire ensemble, mais il n'est pas venu, alors j'y suis allé tout seul. Je comptais le rembourser en revendant le butin. Mais ce n'est pas ce qui s'est passé.

– Qu'est-ce qui s'est passé ?

– Je ne savais pas que les proprios avaient un chien.

– Un doberman ? Un berger allemand ?

– Un labraniche.

– Un labraniche ?

– Un croisement de labrador et de caniche nain. Un tout petit machin plein de poils.

– Tu te fous de moi.

– J'aimerais bien.

– Et alors ?

– Et alors j'étais défoncé, première erreur. J'étais en train d'emporter le grand écran plat vers la porte de derrière, quand ce mini-clébard a déboulé de nulle part. Je me suis pris les pieds dedans et je me suis assommé contre un coin de la télé. Les proprios ont dû rentrer peu après, parce que quand j'ai repris connaissance, les flics étaient déjà là.

– Hem. C'est un peu...

– Pitoyable ? Tu m'étonnes. Que veux-tu que je te dise ? Le crime ne paie pas, voilà.

– Le dîner est prêt ! a crié Mme E depuis la porte. Et, Ambrose, j'insiste pour que tu restes. Pas de cacahuètes, a-t-elle ajouté avec un petit rire, que j'ai soupçonné d'être légèrement moqueur envers ma mère.

Cosmo et moi sommes retournés vers la maison.

– Et le labraniche, il n'a rien eu ? j'ai demandé.

– Le labraniche va très bien. Maintenant, on n'en parle plus et on mange.

Maman a remarqué que j'étais étonnamment guilleret juste avant son départ pour la fac, le vendredi soir.

– Tu es bien joyeux, a-t-elle observé.

Il faut dire que je la faisais valser sur une chanson intitulée « Darlin' », que nous écoutions sur son lecteur CD portable. C'est un morceau de country entraînant, interprété par un groupe canadien – Luther Wright and the Wrongs –, sur un des albums préférés de maman. Quand notre budget le permettait, en effet, elle dénichait des trésors dans une boutique de CD d'occasion de la Quatrième Avenue.

– C'est vendredi, ai-je expliqué alors que le morceau se terminait. Il y a *Royal Canadian Air Farce* sur CBC. J'ai de quoi être de bonne humeur, non ?

– Au fait, a-t-elle alors lâché l'air de rien, tout en fourrant un paquet de copies dans son sac. J'ai découvert pourquoi Cosmo avait fait de la prison.

Mon estomac a fait un petit bond.

– Ah oui ?

– C'est Mme Economopoulos qui me l'a dit. Elle a dû penser que, en tant que locataire, j'avais le droit de savoir. C'est gentil de sa part.

– Alors ?

– Il a été pris en flagrant délit de cambriolage. Il volait pour s'acheter de la drogue.

De dégoût, elle a secoué la tête.

– Mais il ne se drogue plus, j'ai dit.

Elle s'est arrêtée net pour me regarder.

– Et qu'est-ce que tu en sais, toi ?

– Bah, ça se voit, quoi.

Elle a enfilé sa veste en daim, celle qu'elle a dégotée pour vingt dollars dans une vente de charité et qui lui va hyper bien.

– Sa mère dit qu'il a arrêté, c'est vrai, a-t-elle concédé.

Mais à sa manière de le dire, j'ai bien vu qu'elle n'en croyait rien.

– Pourquoi es-tu si sceptique ? C'est peut-être vrai qu'il est *clean*. Qu'il essaie de prendre un nouveau départ. C'est peut-être un type bien qui a juste fait une bêtise, à un moment donné.

Elle a eu l'air perplexe.

– Pourquoi est-ce que tu t'intéresses tant à lui ?

– Il ne m'intéresse pas plus que ça. Je dis juste que tu as peut-être tort de toujours t'attendre au pire avec tout le monde.

Là, elle a posé ses deux mains sur mes épaules.

– Ambrose. Je ne fais pas exprès de m'attendre au pire. Simplement, d'après mon expérience, le pire est souvent ce qui arrive.

Cette phrase est restée suspendue en l'air. *A-t-elle toujours pensé comme ça ?* me suis-je demandé. *Ou bien est-ce seulement depuis que « le pire » est arrivé à papa ?*

– Crois-moi, a-t-elle continué, j'espère sincèrement qu'il arrive à décrocher. Parce que si jamais il replonge, il risque de vouloir nous cambrioler, nous aussi.

– Il n'y a rien à voler chez nous.

– Les drogués se fichent de ça. Mme Economopoulos m'a raconté qu'à l'époque il n'hésitait pas à piquer dans son portefeuille à elle.

J'ai pensé à mon bocal de pièces, dans ma chambre.

Maman a mis le chapeau à fleur, elle m'a tendu ses bras, et je l'ai embrassée tendrement.

– Je vais boire un verre avec Jane après les cours, m'a-t-elle dit. Je serai rentrée pour minuit.

Après son départ, je suis retourné dans ma chambre et j'ai caché ma collection de pièces sous mon lit. Comme je dis toujours, on ne sait jamais.

À six heures, Cosmo m'attendait au bout de la rue dans sa Camaro. Apparemment, cela ne dérangeait pas ses parents de rester discrets sur le dîner et sur mes leçons d'autodéfense dans le jardin ; mais je ne pouvais quand même pas leur demander de cacher à ma mère que je sortais avec leur fils, dans sa voiture de sport, un vendredi soir. Ç'aurait été pousser le bouchon un peu loin.

– Tu es tout beau, l'ai-je complimenté.

Il était vêtu d'un jean neuf et d'une chemise à manches courtes qui cachait partiellement son tatouage.

– Merci. Et toi, tu es... unique. Coloré, on va dire.

J'avais finalement choisi de mettre mon pantalon chic - le marron un peu serré à l'entrejambe mais à part ça parfait -, mes Ike et un tee-shirt vert fluo qui, à mon avis, faisait ressortir les petites taches vertes dans mes yeux marron.

– Et tu as lavé la voiture, ai-je ajouté.

– De la tête aux pieds.

– C'est quand même marrant que tu t'occupes mieux de ta bagnole que de toi-même.

Il m'a lancé un regard noir.

Mais alors que nous traversions le quartier pour aller chercher Amanda, qui vivait dans un petit immeuble proche de la Quatrième Rue, j'ai constaté que j'avais du mal à respirer.

– C'est quoi, cette odeur ? j'ai demandé en baissant ma vitre.

– Mon after-shave, a dit Cosmo.

– Tu t'es renversé la bouteille sur la tête ?

– C'est trop ?

– Nooon, penses-tu !

Alors il a fait demi-tour et je me suis aplati sur le siège passager tandis qu'il courait se doucher et se changer. Je ne l'avais jamais vu dans un tel état.

– Tu as déjà replongé ? lui ai-je demandé quand nous sommes repartis.

– Quoi ?

– Dans la drogue, depuis que tu es sorti de prison.

– Non. J'ai été tenté au début, mais finalement non.

– Promis ?

– Ça vient d'où, ça ?

– Tu serais capable de nous cambrioler ?

– Mais enfin, qu'est-ce que tu racontes ?

– Tu volais bien ta propre mère.

– Ah, pour… oui. Ça m'est arrivé, quand j'étais accro. Mais plus maintenant. Cette partie de ma vie est derrière moi, compris ?

J'aurais voulu lui demander comment il pouvait en être certain, mais nous étions arrivés chez Amanda. Elle attendait devant son immeuble, et même mon œil peu entraîné a remarqué qu'elle était sublime avec sa blouse paysanne au décolleté plongeant, sa petite veste en cuir marron et son jean moulant rentré dans des santiags rouges. Elle nous a souri en s'avançant vers la voiture.

– Toi, tu dégages sur la banquette arrière, m'a dit Cosmo en descendant pour lui tenir la portière, un grand sourire idiot plaqué sur la figure.

17. T T I A E R S

artiste, restait, star, étiras, tirets, traites, titres, triste, tartes

ATTIRÉS

Cosmo voulait d'abord nous emmener dîner dans un restaurant chinois proche du bowling, mais je lui ai dit que ce n'était sans doute pas une bonne idée, car les plats pouvaient contenir de l'arachide.

– Eh bien, on commandera des plats sans arachide, a-t-il tranché.

– Non, il a raison, a dit Amanda. Avec ce genre d'allergies, on n'est jamais trop prudent. Il suffit qu'ils réutilisent un wok, ou qu'une cacahuète s'égare dans le mauvais plat...

J'ai adressé à Cosmo un regard supérieur, et à Amanda, mon plus beau sourire. Elle m'a ébouriffé les cheveux, ce qui était très agréable.

– J'ai un cousin allergique à l'arachide, m'a-t-elle expliqué.

Alors Cosmo nous a emmenés manger une pizza. C'était très excitant pour moi de me trouver dans ce restaurant bruyant et violemment éclairé. Maman et moi ne mangions presque jamais dehors, parce que c'était a) cher, et b) trop stressant, avec mon allergie.

Amanda a demandé une bière, et Cosmo et moi, deux grands Coca. Cosmo a raconté que c'était parce qu'il conduisait, mais je me suis demandé si ce n'était pas parce qu'il était un ex-drogué. Peut-être qu'ils n'ont pas droit non plus à l'alcool.

Amanda lui a demandé depuis combien de temps il était mon Grand Frère.

Cosmo a toussé.

– Pas très longtemps.

– En tout cas, vous avez l'air de bien vous entendre, tous les deux.

Là, j'en ai rajouté des tonnes.

– Oh, oui. Cosmo est très généreux. Il adore m'emmener faire des choses que je n'ai jamais essayées, vu que je n'ai pas de papa. Vendredi prochain, il m'a promis de m'emmener à Cliffhanger.

Il s'est étranglé sur son gressin.

– Le mur d'escalade ? a fait Amanda. J'ai toujours rêvé d'essayer !

– Je suis sûr que ça ne le dérangerait pas que tu viennes avec nous, hein, Cosmo ?

Il a eu un sourire crispé.

– Avec plaisir.

Là-dessus, il m'a donné un grand coup de pied sous la table.

– Ce serait bien, oui, a renchéri Amanda. Mais comment peux-tu lui payer tout ça, si tu es en recherche d'emploi ?

– Ce n'est pas facile, mais je le fais pour le gamin.

Il m'a donné une claque dans le dos, un peu plus fort que nécessaire.

– Et toi, Amanda ? a-t-il demandé ensuite.

– Quoi, moi ?

– Qu'est-ce que tu fais quand tu ne joues pas au Scrabble ?

– Eh bien... je tricote.

– Tu tricotes ?

Elle a souri.

– Je travaille chez *Les Accros au Tricot*, sur Main Street.

Je connaissais Main Street. Maman et moi y étions allés une fois, un samedi. C'était un chouette quartier de la ville, où l'on trouvait plein de petits antiquaires pittoresques, de boutiques de vêtements, et même une boulangerie qui vendait les meilleurs cookies aux pépites de chocolat du monde.

– C'est une boutique de tricot, a-t-elle précisé (mais ça, on s'en serait douté). Et deux fois par semaine, pour mettre du beurre dans les épinards, j'anime les ateliers « Il n'y a que la maille qui m'aille » chez moi.

– « Il n'y a que la maille qui m'aille » ?

– Oui, j'arrive à avoir à peu près dix personnes par atelier, en général uniquement des femmes. On tient à peine dans mon appartement, et on travaille toutes sur un tricot différent.

– C'est toi qui as fait le pull que tu portais la première fois qu'on t'a vue ? Celui avec le grand soleil ?

– Absolument. Je tricote tout !

Elle nous a montré sa ceinture et son sac, tricotés dans des laines multicolores.

– Je vends mes créations dans quelques boutiques. Ce n'est pas ça qui va me rendre riche, mais vous savez ce qu'on dit : « Il faut suivre son cœur... »

Elle a ri comme si elle était gênée.

– Moi, j'aimerais bien suivre mon cœur, a approuvé Cosmo. Si seulement je comprenais où il veut aller !

Elle lui a fait un gentil sourire, puis s'est tournée vers moi.

– En parlant de tricot, comment ça se fait que tu ne portes pas ton chouette bonnet ce soir ?

– Il te plaît, mon bonnet ?

– Ah oui ! C'est quelqu'un qui l'a tricoté pour toi, pas vrai ?

J'ai lancé à Cosmo un regard triomphant avant de hocher affirmativement la tête.

– Ma mère.

– Dis-lui que si jamais elle veut venir à mon atelier, elle est la bienvenue.

– Je n'y manquerai pas, ai-je menti.

Puis elle s'est retournée vers Cosmo et a dit, presque timidement :

– J'aime aussi ton tatouage.

Elle a alors écarté le col de sa propre blouse pour révéler une petite libellule bleu vif sur son épaule.

– Je pensais m'en faire faire un autre, sur la cheville.

Là, c'est Cosmo qui m'a envoyé un regard de triomphe.

– La libellule te va très bien.

Ils se sont souri, cette fois longuement, langoureusement, beurk, si bien que j'ai décidé de changer de sujet.

– Comment en es-tu venue au Scrabble, Amanda ?

– Oh, j'ai toujours aimé ça. Au lycée, j'y jouais tout le temps. Une ringarde absolue, a-t-elle ajouté avec un petit rire.

– J'ai du mal à te croire, a dit Cosmo.

– Je t'assure. Tu devrais voir mes photos de classe.

– J'aimerais bien.

Ils se sont encore regardés de la même manière et Amanda a rougi.

– Bref, j'ai rejoint le club de Scrabble du West Side il y a quelques années, et quand le dernier président est parti, ils ont eu besoin de quelqu'un, alors... voilà.

– Tu es une excellente présidente de club, ai-je dit, pas très subtilement. De premier ordre.

– Merci beaucoup, Ambrose. (Elle a pris une gorgée de bière.) Tu sais, en tant qu'animatrice, l'une des tâches les plus difficiles est de tenter de maintenir la paix entre tous les joueurs avec leurs différentes personnalités.

– J'imagine. Comme Larry, l'expert, et sa manière dégoûtante de se racler tout le temps la gorge. Je l'entends de l'autre bout de la salle. Et Joan, la grosse dondon en rose.

– C'est drôle que tu parles de Joan. Justement, elle m'a dit que tu lui avais fait une réflexion plutôt cruelle, l'autre soir.

Elle m'avait donc entendu. Zut.

– Je ne vois pas de quoi tu parles, ai-je bredouillé.

Mais j'ai senti tout mon visage devenir brûlant, jusqu'aux oreilles.

– Tu n'as pas sous-entendu qu'elle était trop grosse pour passer les portes ?

Cosmo a pouffé, et son Coca lui est ressorti par le nez.

J'ai réfléchi à la moins mauvaise réponse possible. Comme il n'y en avait pas, je n'ai rien répondu, ce qui revenait à peu près à répondre, si vous voyez ce que je veux dire.

– Tu ne peux pas faire ça, a insisté Amanda, gentiment mais fermement. Tu ne peux pas faire de remarques désagréables, tu comprends ? Imagine ce que tu éprouverais si on te faisait la même chose.

Cosmo s'y est mis, lui aussi.

– Si quelqu'un devrait s'en rendre compte, c'est bien toi. Les types de ton ancien collège, ils passaient leur temps à se payer ta tête, non ?

Je l'ai fusillé du regard. Il était vraiment gonflé de se comporter soudain comme s'il était vraiment mon Grand Frère, tout ça pour impressionner Amanda.

Nos pizzas sont arrivées, mais je n'avais plus très faim.

– Pardon, ai-je murmuré. Ça n'arrivera plus.

– Tant mieux, a dit Amanda. Parce que si ça recommençait, je serais obligée de te demander de quitter le club, et ce serait dommage, parce que j'aime beaucoup que tu viennes. (Elle m'a souri, et j'ai vu qu'elle s'efforçait de me réconforter.) Mais puisque nous sommes sur le sujet, il y a encore deux ou trois choses que tu dois savoir. Un : personne n'aime entendre un autre joueur se plaindre de ses tirages.

– Tout à fait d'accord, a lancé Cosmo.

Amanda a fait comme si elle n'avait pas entendu, ce qui m'a apporté un peu de satisfaction.

– Tout le monde manque de chance de temps en temps, ça s'équilibre sur le long terme. Ce n'est qu'un jeu, et c'est comme ça.

Deux : une seule chose est pire qu'un mauvais perdant, c'est un mauvais gagnant.

– Ha ! Qu'est-ce que je t'avais dit ? a triomphé Cosmo, ce qui m'a donné envie de lui mettre une baffe.

– Donc, plus de danse de victoire sur les chaises, d'accord ?

– D'accord.

J'avais peur de me mettre à pleurer. Mais à ce moment-là Amanda s'est penchée, m'a entouré de son bras et a collé ma tête contre ses seins.

– Je t'ai fait de la peine, et ce n'était pas mon intention, Ambrose. Je te le dis juste parce que je sais que tu peux l'entendre, et parce que je t'aime bien.

Elle m'a relâché. La tête me tournait. Je suis certain que j'avais l'air complètement idiot.

– Et aussi parce que je pense que tu peux devenir très bon au Scrabble. Il faut juste te souvenir que jouer en compétition, ce n'est pas la même chose que jouer chez soi. L'an dernier, j'ai lu un excellent livre sur le Scrabble : *Fou des mots*, de Stefan Fatsis. Il dit que la victoire ne dépend pas des lettres qu'on tire. L'important, c'est de maîtriser les règles du jeu.

Elle m'a tapoté la main.

– Tu m'aideras ? lui ai-je demandé en m'efforçant de regarder ses yeux, et non l'endroit où je venais de poser la tête.

– Bien sûr. D'ailleurs, je t'ai apporté un cadeau.

Elle a sorti un livre tout usé et corné de son sac et me l'a tendu.

– C'est l'*Officiel du Scrabble*, l'édition « Clubs et Tournois ». Différent de l'édition familiale : dans celui-ci, il y a aussi les gros mots. (Elle m'a fait un clin d'œil.) J'en avais un en rab.

– Merci !

J'étais sincère. Mon appétit était de retour, et j'ai attrapé une part de pizza. Elle était délicieuse, bien meilleure que celles que maman préparait avec de la farine complète.

– Et moi, alors ? a réclamé Cosmo. Tu crois que j'ai du potentiel ?

Amanda lui a souri.

– Je pense que tu peux devenir aussi bon que tu le veux, mais que tu n'es pas assez passionné pour devenir excellent. Je me demande même si ta motivation ne serait pas un peu suspecte...

Cosmo s'est resservi en pizza.

– C'est pas faux, a-t-il conclu.

Ce qui lui a valu - ne me demandez pas pourquoi - un gros sourire du genre « oh mais tu es mignon à croquer, toi » de la part d'Amanda.

Après la pizza, donc, nous sommes allés au bowling. J'en avais déjà fait une fois, à l'une des rares fêtes d'anniversaire auxquelles on m'avait invité. C'était à Regina et, maintenant que j'y repense, toute la classe était invitée. Nous avions formé deux équipes, et je n'avais pas arrêté d'envoyer la boule dans la gouttière, ce qui avait fait râler mes coéquipiers. À la fin, j'avais dégobillé partout par terre parce que j'avais englouti trop de hot dogs, vu que maman ne m'en achetait jamais, parce qu'elle trouvait ça, je cite, « immonde ».

Ce soir-là, pourtant, je n'étais pas si mauvais. Quand même pas aussi doué qu'Amanda, qui avait un excellent niveau et enchaînait les *strikes*. J'ai fait quelques gouttières, mais la plupart du temps j'arrivais au moins à culbuter une ou deux quilles. Une fois, j'ai réussi un strike et j'ai failli piailler comme une fille, tellement j'étais content. Cosmo, lui, était nul, mais je crois qu'il faisait un peu semblant. Car chaque fois qu'il envoyait sa boule dans la gouttière, Amanda était pliée en deux, et je voyais bien qu'il aimait la faire rire.

À dix heures, je suis allé appeler maman sur mon portable dans les toilettes, histoire de m'assurer qu'elle sortait toujours avec Jane.

– J'en ai l'intention, oui, mais seulement si ça ne t'ennuie pas, m'a-t-elle répondu.

– Aucun problème, maman. Amuse-toi bien. Mais ne conduis pas bourrée, ha ha.

À onze heures, nous avons reconduit Amanda chez elle. Lorsque nous sommes arrivés devant son immeuble, Cosmo m'a demandé d'attendre dans la voiture pendant qu'il l'accompagnait jusqu'à sa porte.

J'ai grimpé sur le siège avant et je les ai observés. Ils ont discuté quelques minutes, et je croyais qu'ils allaient en rester là, lorsque soudain Cosmo s'est incliné et l'a embrassée. J'ai attendu qu'elle le repousse, mais non. Au contraire, elle l'a entouré de ses bras et lui a rendu son baiser. Ils ont dû s'embrasser comme ça pendant une bonne minute. Je me suis penché en avant pour mieux voir, et là, j'ai heurté le Klaxon par inadvertance. Ils ont fait un bond et, une seconde plus tard, Cosmo est revenu à la voiture.

– Pourquoi tu as fait ça ?

– Je ne l'ai pas fait exprès.

Il a attendu non seulement qu'Amanda soit en sécurité à l'intérieur de l'immeuble, mais aussi qu'elle soit en sécurité dans son appartement. Nous avons vu les lumières s'allumer à l'étage, et elle est sortie sur son balcon pour nous faire au revoir de la main.

Cosmo lui a rendu son salut, après quoi il a passé la première et nous sommes partis. À nouveau, il fredonnait.

– Elle est super, j'ai dit.

– Ouais.

– Beau sourire.

– Oh oui.

– C'est mignon, ses dents.

– Hmm.

– Des nichons fabuleux.

Il a tendu le bras pour me taper sur la tête.

– Aïe !

Il fredonnait toujours.

– Je pense qu'elle est impatiente d'aller faire de l'escalade avec nous vendredi prochain, ai-je ajouté.

– Oui, alors là, merci bien. Tu sais combien ça coûte, ce truc-là ?

J'ai haussé les épaules.

– Alors il me semble que tu as intérêt à chercher sérieusement du boulot.

18. TENHOEN

henné, étonné, honte, néné, ohé, noté, tonne, thon, néon

HONNÊTE

J'ai gagné deux parties sur trois, les deux sur un score supérieur à 300, au club de Scrabble le mercredi suivant. Et je me suis parfaitement tenu. Pas une seule plainte concernant mes tirages (même si ça m'a tué de devoir la boucler quand je me suis retrouvé avec OUAAAOP) ; pas de danse de victoire quand j'ai gagné. Mais je n'ai pas pu réprimer un grand sourire lorsque j'ai à nouveau battu Joan.

– Tu pourrais cacher ta joie, m'a-t-elle dit.

– Pardon. C'est parce que ça compte beaucoup pour moi de battre quelqu'un d'aussi doué que toi. Et au fait, je t'ai déjà dit que le rose t'allait à ravir ?

D'accord, j'en ai fait un peu beaucoup, mais je crois que ça lui a plu, car elle a fini par sourire.

Tous les soirs, je potassais l'*Officiel du Scrabble*, un livre intéressant parce qu'il ne donnait pas les définitions. Il ne contenait que des colonnes et des colonnes de mots, dont je ne connaissais qu'environ la moitié. Et Amanda avait dit vrai, il y avait tous les gros mots. J'ai ainsi découvert qu'on pouvait officiellement conjuguer le verbe « enc***er » à tous les temps, même à l'imparfait du subjonctif.

Le vendredi, maman m'a annoncé que Jane et elle comptaient encore aller boire un verre après les cours. Inutile de dire que cette fois je n'ai absolument rien dit. Après son départ, Cosmo m'a donné une nouvelle leçon d'autodéfense. Je n'étais toujours pas très doué, mais je m'en suis mieux tiré que la fois précédente et, comme il n'a pas arrêté de me le répéter, c'est la progression qui compte.

Ensuite, j'ai pris une douche et je me suis changé en vue de notre sortie. En chemin, avant que nous ne soyons arrivés chez Amanda, j'ai demandé à Cosmo comment il comptait payer la soirée.

– Je préfère attendre pour vous l'annoncer à tous les deux, m'a-t-il répondu.

Le mur d'escalade, c'était génial. Ma mère ne m'avait jamais laissé pratiquer une activité physique aussi intense, parce qu'elle avait peur que je ne me fasse mal. Résultat : après seulement trois ascensions, j'avais les bras en compote. Mais je me suis accroché. C'était à la fois euphorisant et terrifiant d'être si haut au-dessus du sol, même en sachant qu'un moniteur prévenait toute chute en contrôlant mon harnais depuis le plancher des vaches. Amanda et Cosmo aussi s'amusaient à fond, et je les ai vus échanger des baisers furtifs entre deux tours.

Peu avant la fin de notre session, Cosmo a réussi à vaincre un mur de niveau huit, c'est-à-dire carrément difficile. Ensuite, il a souri d'une oreille à l'autre.

– Alors *ça*, c'est de la bonne défonce ! a-t-il lancé, sans s'adresser à quelqu'un en particulier.

Ensuite, au restaurant (un fast-food avec des jeux vidéo), Cosmo nous a dit qu'il avait une annonce à faire.

– J'ai trouvé du boulot.

– Ouah, c'est génial ! a dit Amanda.

– Dans quoi ? ai-je demandé.

– Dans le bâtiment. Un copain de mon beau-frère est chef d'un grand chantier en ville. Au début, je ferai juste des remplacements de temps en temps, mais j'espère bien que quand j'aurai fait mes preuves, je pourrai passer à plein temps.

– Ça se fête ! a proclamé Amanda.

Nous avons levé nos verres et trinqué tous ensemble.

– C'est bizarre qu'on dise « dans le bâtiment », ai-je fait remarquer. On devrait plutôt dire « hors du bâtiment », vu que tu vas passer tout ton temps sur les échafaudages.

Ma réflexion les a fait rire, et nos hamburgers sont arrivés, délicieux. Quand j'ai eu fini de manger, Cosmo m'a donné quelques pièces pour que je puisse aller m'amuser avec les jeux vidéo, dans la pièce attenante. Maman ne me laissait jamais y jouer, alors, même si je savais qu'il avait combiné ça pour être seul avec Amanda, je m'en fichais complètement.

Je suis devenu légèrement accro au jeu de course automobile. Je recommençais sans cesse, pour voir si j'arriverais à tenir plus d'une minute sans partir dans le décor. Je venais de réussir à rester presque deux minutes sur le circuit - mon record personnel -, lorsque mon portable a sonné. J'ai regardé qui m'appelait.

C'était maman, sur son propre portable.

Réfléchissant à toute vitesse, j'ai laissé tomber ma partie et couru aux toilettes des hommes.

– Salut, m'man !

– Où es-tu ? Pourquoi est-ce que tu ne réponds pas sur le fixe ?

– Je suis à la maison, pourtant. Je n'ai pas eu le temps de décrocher. J'étais aux cabinets.

– Hum, épargne-moi les détails ! Écoute, Jane n'est pas dans son assiette, elle a annulé.

J'ai regardé ma montre. Vingt-deux heures quinze. Mon estomac a fait un saut périlleux arrière.

– Où es-tu ?

– Presque à l'arrêt de bus. Je devrais être là dans vingt minutes.

Double saut périlleux arrière dans mon ventre.

– Je me disais qu'on pourrait jouer les rebelles et se coucher tard, faire une petite partie de Scrabble ! a-t-elle continué.

– Bonne idée, j'ai répondu, le cœur au bord des lèvres. À tout de suite.

J'ai raccroché.

Puis j'ai foncé à notre table, où Cosmo et Amanda se tenaient par la main.

– Cosmo, on se tire. Tout de suite. Ma mère arrive à la maison.

– Je ne comprends pas, a dit Amanda alors que Cosmo attrapait le serveur au vol et lui tendait un billet de cinquante. Sa mère ne sait pas qu'il est sorti avec toi ?

– Pas tout à fait.

J'ai vu des gouttelettes de sueur se former sur le front de Cosmo.

– Tu sors un gamin de douze ans à l'insu de sa mère ?

– Ce n'est pas... pas comme tu le présentes, a-t-il répondu tandis que nous nous hâtions de sortir.

– Alors quoi ? Sa mère te fait confiance, pourtant. Tu es son Grand Frère !

– Pas officiellement, ai-je expliqué en courant dans le parking.

– Merci beaucoup, Ambrose, m'a lancé Cosmo d'un ton qui m'a semblé ironique, du moins je crois.

– Tu n'es pas son Grand Frère ? a demandé Amanda d'une voix soudain un peu étranglée. Tu m'as menti ?

– Non. Si. Un tout petit peu. Je voulais... je voulais sortir avec toi, a-t-il avoué au moment où nous montions en voiture.

– Alors tu m'as menti. Et en te servant d'un gosse de...

Je tenais à aider Cosmo.

– Il ne s'est pas servi de moi. C'est moi qui me suis servi de lui. Je l'ai obligé à me conduire au club de Scrabble. C'est mon voisin du dessus.

Tandis que nous sortions du parking, Amanda a haussé un sourcil.

– Et il se comporte vraiment comme un Grand Frère... Il fait tout ce que ferait un Grand Frère. D'ailleurs, c'est dommage que l'émission *Le Grand Frère* vérifie le casier judiciaire des candidats, parce que ce serait une chance, pour eux, d'avoir quelqu'un comme lui comme Grand Frère.

Cosmo a gémi.

– Le casier judiciaire ? a murmuré Amanda, à peine audible. Qu'est-ce que tu m'as caché, encore ?

– Je comptais tout te dire bientôt.

– Quand ?

– Bientôt. Dans pas longtemps.

– Pourquoi pas maintenant ?

Et sa voix n'était plus la douce voix d'Amanda que nous connaissions et aimions. Elle était dure comme l'acier.

Cosmo a inspiré à fond.

– Très bien. Je vis chez mes parents parce que je sors de prison. J'ai pris six mois fermes à cause d'une série de cambriolages, que j'ai commis pour me payer de la drogue. Et, non, je ne suis pas le Grand Frère d'Ambrose, mais quand je t'ai vue ce soir-là, j'aurais fait n'importe quoi pour passer un peu plus de temps avec toi.

Amanda n'a pas dit un mot. Elle était tellement en colère qu'elle en vibrait presque. Je sentais des ondes de rage émaner d'elle, même depuis la banquette arrière. Mais je n'ai rien pu y faire, car, au moment où nous avons tourné dans ma rue, j'ai vu ma mère à l'autre bout, qui arrivait à pied de l'arrêt de bus.

Là, c'est moi qui ai gémi.

– Je suis mort !

– Baisse-toi, m'a dit Cosmo.

Ce que j'ai fait. Il a continué tout droit, croisé ma mère, fait le tour, et s'est garé dans la ruelle qui passait derrière la maison.

– Et maintenant, file !

Ce que j'ai fait également. J'ai sauté de la voiture, rejoint la porte comme une fusée, sorti mes clés les doigts tremblants. Je suis entré, j'ai allumé, je me suis jeté sur le canapé, emparé de la télécommande, et CBC est apparu à l'écran à l'instant où maman entrait.

– Salut, ai-je dit l'air de rien. Toujours partante pour un Scrabble ?

– D'ac, a-t-elle répondu d'un ton un peu las.

Elle s'est déchaussée avant d'aller chercher une bouteille de vin au frigo.

– Je crois que je viens de voir Cosmo passer en voiture avec une jeune femme. (Elle a secoué la tête.) Pauvre fille, ça fait pitié. Je suis prête à parier qu'elle ne sait pas du tout dans quoi elle met les pieds.

Le lendemain matin, je me suis réveillé d'humeur massacrante. J'étais tellement ronchon que, une fois notre lessive terminée, maman a exprimé le désir de faire notre promenade sur la plage toute seule. J'ai répondu que c'était une foutue bonne idée, si bien qu'elle m'a réprimandé sur mon langage, ce à quoi j'ai répliqué que c'était l'hôpital qui se foutait de la charité, ce qui l'a poussée à souffler : « Bon Dieu de m... e ! », ce qui m'a fait répondre : « Ah, tu vois ? », tout triomphant, ce qui l'a incitée à me dire : « P... ain, j'espère que tu seras de meilleur poil à mon retour », ce à quoi j'ai naturellement rétorqué : « Encore un gros mot », ce qui l'a poussée à sortir comme une furie.

Aussitôt qu'elle a eu le dos tourné, j'ai appelé chez les voisins du dessus. Travestissant ma voix, j'ai demandé Cosmo.

– Ambrose, c'est toi ? s'est enquise Mme E.

– Ambrose ? Qui est Ambrose ? ai-je dit, déguisant toujours ma voix.

– Nous avons la présentation du numéro, tu sais.

– Ah, vous vouliez dire *Ambrose* ! Je n'avais pas compris. Désolé, je suis enrhumé. Je peux parler à Cosmo ?

Elle me l'a passé et il a accepté de me retrouver dans le jardin cinq minutes plus tard. En sweat et pantalon de survêtement. Apparemment, il n'avait pas beaucoup dormi. Il a allumé une cigarette, alors qu'il n'avait sans doute pas encore pris son petit déjeuner. J'ai décidé que ce n'était pas le moment de l'embêter avec ça.

– Alors ? j'ai dit.

– Je l'ai raccompagnée chez elle. Je lui ai promis que ça ne se reproduirait pas, que je regrettais, que je fréquentais les réunions des Narcotiques anonymes, tout ça, tout ça. Elle est descendue de voiture sans rien dire.

– Je suis navré, Cosmo. Tout est ma faute.

Les larmes me piquaient les yeux.

– Qu'est-ce que tu racontes ? Mais non, c'est ma faute, O.K. ? (Il m'a pressé l'épaule.) C'est moi qui lui ai menti.

– Tu lui as envoyé des fleurs ?

– Non.

– Tu devrais. J'ai lu dans un magazine, dans la salle d'attente chez le médecin, que les femmes apprécient ce geste.

– Je ne sais pas. Elle est vraiment très fâchée.

– Tu ne peux pas renoncer comme ça.

Il a tiré une grosse bouffée de sa cigarette.

– D'accord. Je lui enverrai des fleurs. Et maintenant, il me faut du café.

Il s'est retourné pour rentrer chez lui.

– Et le club de Scrabble, alors ?

Il a pivoté vers moi.

– Je crois bien que ce n'est plus à l'ordre du jour, pour l'instant. Désolé, Ambrose.

De nouveau, j'ai senti les larmes me monter aux yeux.

– On peut quand même encore faire de l'autodéfense ? Bon, enfin, je sais que tu ne me fréquentais qu'à cause d'Amanda, donc si tu ne...

– C'est ce que tu crois ?

J'ai fait oui de la tête.

– Alors t'es encore plus crétin que tu en as l'air.

Il m'a encore donné une tape sur la tête. Et même si ça m'a fait un peu mal, ça m'a surtout fait beaucoup de bien.

19. O R U S D E G

gourdes, doseur, orgues, dorés, odeurs, rouges, sourde, souder, sœur

DROGUES

Cosmo a envoyé des fleurs à Amanda dès ce matin-là, mais elle n'a pas donné signe de vie. Le lundi, il m'a dit qu'il avait essayé plusieurs fois de la joindre, mais soit elle n'était pas chez elle, soit elle ne répondait pas.

Le mercredi, étant toujours sans nouvelles d'elle, il a refusé de se rendre au club de Scrabble. Cela m'a manqué encore plus que je ne m'y attendais. Je suis monté voir s'il voulait bien faire une partie avec moi, mais Mme E m'a dit qu'il était sorti.

– Il est à une réunion des NA.

J'ai guetté le retour de sa voiture pour aller lui parler, mais il n'était toujours pas là quand maman est rentrée.

Le vendredi, lorsqu'elle est partie travailler, j'ai frappé à la porte de derrière pour ma leçon d'autodéfense. Cosmo m'a ouvert, toujours en maillot de corps et bas de survêtement. Il était échevelé et un peu fébrile, une cigarette allumée à la main.

– Tes parents te laissent fumer à l'intérieur ? j'ai demandé, parce que je savais que la réponse était non.

– Ils sont pas là, m'a-t-il répondu, pas aimable.

– Ils sentiront l'odeur...

– Ambrose. Lâche-moi, tu veux ?

J'ai contemplé sa tenue.

– Tu as bossé aujourd'hui ?

– Non. On ne m'appelle pas aussi souvent que je l'espérais.

– C'est moche.

Il y a eu un silence gêné, puis j'ai repris la parole.

– J'ai travaillé mes parades. Je crois que je suis en progrès.

– Ah oui, ça... Je ne peux pas t'entraîner aujourd'hui. (Il évitait mon regard.) Faut que je sorte.

– Où ça ?

– Pas tes oignons.

– Tu peux au moins me donner un indice...

– Ambrose...

– Ou alors je pourrais t'accompagner.

– Bon Dieu, Ambrose, fous-moi la paix. Plus tard, O.K. ?

Et il a refermé la porte.

J'avais un mauvais pressentiment. Un très mauvais pressentiment. C'est pourquoi, au lieu de rentrer chez moi, j'ai fait le tour de la maison en courant et je suis monté dans sa voiture. Je me suis faufilé à l'arrière et aplati au sol.

Quelques minutes plus tard, il est monté à son tour, et vroum, nous avons démarré.

Il y avait presque une demi-heure que nous étions en route. J'avais des crampes dans les jambes, et la ceinture de mon pantalon me coupait la circulation. J'ai commencé à avoir peur de devoir être amputé à partir de la taille si je restais dans cette position. Cette idée m'a fait paniquer et j'ai décidé qu'il fallait que je bouge : j'ai profité de ce qu'une autre voiture klaxonnait pour le faire sans être entendu.

Dans ma nouvelle position, je distinguais à peine le pare-brise arrière. J'ai tout de même cru comprendre que nous étions dans un quartier pourri. Il y avait des immeubles aux fenêtres palissadées, et quelques individus effrayants, à l'air tragique, erraient ici et là - des gens qui ressemblaient plus à des zombies qu'à des humains. Deux d'entre eux se sont engagés sur la chaussée sans regarder, comme s'ils se fichaient éperdument de perdre la vie. Pour être franc, j'étais terrifié et je regrettais amèrement de ne pas être resté chez moi.

Je ne sais pas si c'est la peur ou quelque chose que j'avais mangé, mais soudain j'ai lâché un vent... pestilentiel. Je l'ai libéré lentement, en silence. Mais même s'il ne l'a pas entendu, Cosmo l'a forcément senti : toutes les vitres étaient relevées.

– Pouah, dégueu ! l'ai-je entendu marmonner devant.

J'espérais qu'il baisserait sa vitre, mais il devait croire que l'odeur venait de dehors, car il n'en a rien fait.

Alors que je commençais à avoir mal au cœur, il s'est garé le long du trottoir. J'ai flairé une bouffée d'air frais : il ouvrait sa fenêtre.

– Salut. T'as quelque chose aujourd'hui ? l'ai-je entendu dire.

Et là, avant d'avoir le temps de dire ouf, j'ai distingué à la fenêtre deux types dépenaillés : l'un avec de longs cheveux gras, l'autre sans cheveux du tout car il s'était entièrement rasé la tête, ce qui laissait voir un énorme tatouage représentant une main qui lui enserrait le crâne. Je me suis fait tout petit.

– Kess tu cherches ? a demandé le tatoué.

– Ce que tu as.

– Du moment que t'as l'oseille.

Le tatoué a plongé la main dans sa poche.

Soudain, le gras-du-cheveu a regardé à l'arrière et croisé mon regard.

– T'en veux aussi pour le môme ?

Gloups.

Cosmo s'est retourné lentement sur son siège. Je me suis redressé et lui ai adressé un faible « coucou » de la main.

– Euh, salut...

Un éclair de rage a brillé dans ses yeux. L'espace d'un instant, j'ai eu peur de lui et de ce qu'il risquait de me faire. Mais tout aussi rapidement sa colère a disparu et il a eu l'air un peu déprimé.

– Laissez tomber, a-t-il dit aux deux autres.

Il a redémarré. J'ai entendu les types lui crier après. Il a gardé le silence quelques minutes.

– Autant que tu passes devant, a-t-il fini par lâcher.

J'ai donc enjambé le dossier pour aller m'asseoir à côté de lui, bouclé ma ceinture, et verrouillé ma porte, parce que je n'étais toujours pas rassuré.

– Il y a une réunion des NA aujourd'hui ? ai-je demandé.

– Il y en a toujours une quelque part.

– Je pense qu'on devrait y aller.

– Ambrose. Ça s'appelle les Narcotiques *anonymes*.

– Pas de problème. Tu y vas, je t'attends dans la voiture.

Il m'a jeté un regard et a secoué la tête.

– T'es vraiment unique, toi.

– C'est un compliment ?

– Juste une remarque.

Cosmo savait qu'une réunion se tenait à Kerrisdale, un autre quartier situé du côté ouest de Vancouver. Nous nous y sommes donc rendus ensemble. Comme nous étions début avril et qu'il faisait très beau, je suis allé m'asseoir sur un banc dans un parc pour l'attendre, en grignotant l'énorme paquet de chips qu'il m'avait acheté. J'en ai profité pour réfléchir.

Contrairement à ce que m'avait dit un jour ma maîtresse de CM1, je n'étais pas complètement idiot. Je savais que je ne pouvais pas surveiller Cosmo vingt-quatre heures sur vingt-quatre. Et je savais que s'il voulait vraiment recommencer à se défoncer, il me serait impossible de l'arrêter.

Il fallait donc que je trouve quelque chose pour le distraire de la drogue. Quelque chose qui lui fasse voir la vie, et lui-même, sous un jour plus positif.

– J'ai un plan, lui ai-je annoncé lorsqu'il est sorti de sa réunion.

– Un plan pour quoi ?

– Un plan pour que tu regagnes le cœur d'Amanda.

– C'est vraiment n'importe quoi, a commenté Cosmo le lendemain soir.

Nous étions debout côte à côte, devant chez Amanda.

– Non, l'ai-je corrigé. C'est romantique.

Nous portions des tee-shirts imitation smoking assortis, que j'avais trouvés à la friperie dans l'après-midi. J'avais sacrifié une partie de ma collection de pièces pour les acheter. En outre, Cosmo serrait dans son poing un bouquet de fleurs.

Comme il y avait de la lumière chez Amanda, nous savions qu'elle était là. Coup de chance pour nous, la porte-fenêtre donnant sur son balcon était entrouverte. Une bicyclette rose aux poignées tricotées était rangée sur ce balcon, ainsi que plusieurs plantes en pot.

J'ai posé le lecteur CD portable de maman par terre et tendu à Cosmo une feuille de paroles.

– Prêt ?

– Non.

J'ai appuyé sur « play » et, soudain, la voix de Luther Wright s'est élevée dans l'air. J'avais programmé « Darlin' », et le son était poussé au maximum. Cosmo et moi avons commencé à chanter.

– « Darlin' quand tu m'aimes je me sens comme chez moi... »

Sauf que Cosmo marmonnait au lieu de chanter. J'ai donc appuyé sur « stop ».

– Allez, faut que ça sorte ! Mets le ton !

Quelques passants qui se promenaient par cette belle soirée de printemps nous observaient avec curiosité du coin de l'œil. Cosmo était rouge tomate.

– Je ne peux pas.

– Pourquoi ?

– Parce que je vais passer pour un débile profond.

– Possible. Mais de toute manière elle te prend déjà pour un débile profond. Alors qu'est-ce que tu as à perdre ?

Il a soupiré.

– C'est pas faux. Allez, finissons-en...

J'ai rappuyé sur « play », et cette fois Cosmo a beuglé les paroles avec moi. Il chantait comme une casserole, je dois dire, ce qui m'a légèrement inquiété. Un vieux monsieur s'est arrêté net pour nous dévisager ouvertement, et dans l'immeuble d'Amanda plusieurs personnes sont sorties sur les balcons.

– « Je n'ai rien à dire pour ma défense / Je sais que je t'ai fait offense / C'est toujours douloureux pourtant / Et en plus j'ai perdu une dent », chantions-nous.

« Et en plus j'ai perdu une dent » était mon vers préféré. En plus, à mon avis, cela rappelait à point nommé que nous étions deux garçons bourrés d'humour.

Je commençais à craindre que tous les habitants de l'immeuble *sauf* Amanda ne sortent sur leur balcon, lorsqu'une tête féminine est apparue à sa porte-fenêtre. Pas Amanda, malheureusement. D'autres femmes se sont montrées et sont sorties. Toutes avaient entre les mains des aiguilles à tricoter d'où pendaient des écharpes ou des débuts de pulls. J'ai lentement pris conscience qu'Amanda devait être en plein atelier « Il n'y a que la maille qui m'aille ». La figure de Cosmo a pris une teinte encore plus écarlate, ce que je ne croyais pas possible, mais il a vaillamment continué de chanter.

– « Tu dis que tu aimes le sourire que j'ai depuis / Je ne peux plus manger, mais tant pis / Car pour être avec toi, je ferais n'importe quoi ».

Quelques femmes se sont mises à rire.

– Amanda, il faut que tu viennes voir ça, a lancé l'une d'elles.

Alors, enfin, elle a fait son apparition. Elle était superbe, bien que simplement vêtue d'un pantalon de sport et d'un tee-shirt, les cheveux tirés en queue-de-cheval. D'abord, elle a eu l'air perplexe. Mais en nous voyant devant chez elle, Cosmo et moi, elle a commencé à piger que le spectacle était pour elle. Elle a semblé abasourdie, puis gênée. Même dans la lumière faiblissante du soir, j'ai bien vu que son teint virait à la même couleur que celui de Cosmo.

– « J'ai une petite longueur d'avance, oh yeah ! / Sur tous les crétins que tu ne connais pas encore, c'est vrai. Oui, c'est la vérité... »

C'était la fin de la chanson. Dans la rue, quelques membres de notre public ont applaudi, aussitôt imités par plusieurs tricoteuses du groupe d'Amanda.

– Qu'est-ce que tu veux ? a-t-elle demandé.

Là, j'ai eu peur, parce que sa voix avait la même dureté d'acier que la dernière fois que nous l'avions vue.

– Simplement te parler, a répondu Cosmo.

Elle a pincé les lèvres. Ses copines de tricot attendaient en retenant leur souffle. Une des filles l'a encouragée d'un petit coup de coude.

– D'accord, a-t-elle enfin concédé. Monte.

Lorsque nous sommes arrivés à sa porte, les tricoteuses du groupe s'en allaient. Quelques-unes ont souri à Cosmo au passage, mais d'autres, plus nombreuses, l'ont foudroyé du regard. Je parie qu'elles lui avaient déjà taillé quelques shorts en tricotant.

Nous sommes donc entrés. L'appartement d'Amanda était minuscule, mais propre comme un sou neuf et rempli d'objets intéressants - par exemple, de vieilles affiches de cinéma et une collection de *Peanuts*, les bandes dessinées avec Snoopy. Elle avait aussi des étagères couvertes de figurines de super-héros filles, comme Wonder Woman et Catwoman.

– C'est chouette, chez toi, ai-je dit. C'est un lit pliant ? ai-je ajouté en indiquant une large planche de bois munie d'une poignée, au milieu d'un mur.

– Exactement, m'a-t-elle répondu en m'ébouriffant les cheveux. Ça fait plaisir de te voir, p'tit gars !

Mais lorsqu'elle a pivoté vers Cosmo, son sourire s'est envolé et elle a croisé les bras.

– Tu voulais me parler ? Eh bien, vas-y, je t'écoute, a-t-elle lâché.

Cosmo m'a jeté un regard.

– Tu crois que tu pourrais nous laisser seuls, Ambrose ?

Je ne pouvais me rendre que sur le balcon ou dans la salle de bains : j'ai choisi le balcon. Et j'ai laissé la porte-fenêtre entrouverte pour pouvoir tout entendre.

– Amanda, tu ne sais pas à quel point je regrette, disait Cosmo. Je voudrais tant que tu me donnes une deuxième chance...

– Je vais te raconter une histoire, l'a-t-elle interrompu. Mon dernier petit ami, je suis restée avec lui pendant trois ans. Nous étions fiancés, jusqu'au jour où j'ai découvert complètement par hasard qu'il me trompait, pratiquement depuis le début, avec toute une série de femmes. Il m'a dit qu'elles ne comptaient pas pour lui. Je l'ai viré ce soir-là et je ne lui ai plus jamais adressé la parole. Alors telle que tu me vois, les deuxièmes chances, ce n'est pas trop mon truc.

– Mais je ne suis pas comme...

– Tu as été le premier à me plaire suffisamment pour que j'accepte une invitation à sortir, après lui. Et j'avais des doutes sur toi. Mais tu étais un Grand Frère, et tu semblais si sincère, si fiable... À cause de toi, je me suis encore sentie flouée, Cosmo. Je refuse qu'on me prenne pour une idiote.

– Je ne t'ai jamais prise pour une idiote, Amanda. C'est moi, l'imbécile. Je pensais que si je te disais la vérité, tu n'envisagerais même pas de sortir avec moi.

– Tu avais sans doute raison.

– Je te jure que ça n'arrivera plus.

– Mais qu'est-ce qui me le prouve ?

– Tu crois vraiment que je m'humilierais comme ça en public si je n'étais pas sérieux ?

J'ai entendu Amanda rire un peu, ce qui était bon signe.

– Tu me plais, Amanda. Beaucoup.

– Toi aussi, tu me plais.

J'ai jeté un coup d'œil à l'intérieur et vu Cosmo s'asseoir à côté d'elle dans son petit canapé rouge cerise. Il lui a pris la main. Il y avait des semaines que je n'avais pas eu le cœur aussi léger.

– Voilà ce qu'on va faire, lui a-t-elle dit. Recommence à venir au club de Scrabble, et on essaiera de refaire connaissance. Mais simplement en amis, pour le moment.

– Ça me paraît réglo.

– Et, Ambrose, je sais que tu écoutes : tu peux venir, hein.

J'ai envisagé un instant de me récrier, de prétendre que je n'avais rien entendu, mais ça ne semblait pas utile. J'ai donc simplement fait ce qu'elle me disait.

– Au fait, j'ai quelque chose pour toi, m'a-t-elle annoncé.

– Quoi donc ?

Elle s'est mise à farfouiller sur un bureau, près de la porte.

– Tout le monde m'a demandé pourquoi tu n'étais pas venu au club. Même Joan.

– Vous aussi, vous m'avez manqué.

– Mais si tu veux revenir, il faut que ta mère signe ceci.

Elle a enfin trouvé le papier qu'elle cherchait et me l'a tendu.

– Qu'est-ce que c'est ?

– Une autorisation.

Mon cœur s'est serré.

– Et si elle ne signe pas ?

– Alors tu ne peux pas faire partie du club.

– Tu me jetterais dehors ?

– Mets-toi à ma place. Je pourrais avoir de gros ennuis.

– S'il te plaît, ne me renvoie pas.

– Je ne le ferai pas. Du moment que ta mère signe ça.

– Ce n'est pas si simple...

– Pourquoi ?

– C'est vrai, qu'est-ce que tu risques ? a renchéri Cosmo depuis le canapé.

Ce que je risquais ? Que ma mère pète un câble parce que a) je lui avais menti, et b) j'étais sorti avec un ancien taulard alors que je lui avais promis de ne pas le faire. Et qu'en raison du *a* comme du *b* elle refasse ce qu'elle avait fait à Edmonton lorsqu'elle s'était lassée de son job, et à Regina lorsqu'elle s'était lassée de Mamie Ruth, et à Kelowna lorsqu'elle avait été renvoyée parce qu'elle avait bu un coup de trop à un pot du personnel et qu'elle avait sorti des blagues sur le recteur qui se trouvait juste derrière elle, et à Calgary quand mon père était mort et qu'elle avait fait n'importe quoi au boulot parce qu'elle était en deuil et qu'au lieu de l'embaucher à plein temps ils l'avaient lâchée au bout de deux ans. *Qu'elle boucle nos valises et nous emmène dans une nouvelle ville en espérant que nous prendrions tous les deux un nouveau départ*, voilà ce que je risquais.

Mais je ne l'ai pas dit à Cosmo et Amanda.

– D'accord, ai-je simplement répondu. J'essaierai.

20. E E T T E I V M N

éteinte, vent, minette, entêté, mévente, vêtement, éventé, émietté

ÉVITEMENT

Mais par où commencer, dans une telle situation ? Il n'y avait pas un simple mensonge, mais des mensonges multiples, des couches de mensonge empilées les unes sur les autres, comme les mille-feuilles magnifiques que l'on voit dans la pâtisserie chic de Broadway et que maman n'achètera jamais, en partie parce qu'elle a peur qu'ils ne contiennent de l'arachide et en partie parce qu'elle dit que ce ne sont que des « calories vides » (allez comprendre ce que ça veut dire).

J'ai pourtant bien tenté de répéter la conversation à l'avance dans ma tête. *Maman, j'ai quelque chose à te dire. Depuis deux mois, je fréquente un club de Scrabble dans le West Side. C'est Cosmo qui m'y conduit. Tu sais, Cosmo, l'ancien drogué ? On est devenus bons amis. Je suis même sorti avec lui et sa nouvelle amoureuse, Amanda. La semaine dernière, on est allés à un mur d'escalade, et ce n'est pas si dangereux que ça, tu sais, franchement. Et après, tu te rappelles, quand tu l'as vu dans sa voiture avec cette fille ? Eh bien, devine quoi : moi aussi, j'étais dans la voiture ! On faisait la course avec toi pour rentrer, ha ha ha.*

Jamais, jamais, jamais je ne pourrais lui dire une chose pareille. Impossible.

Le dimanche soir, maman et moi avons fait une partie de Scrabble en écoutant ses CD. Je l'ai battue à plate couture. Score final : 302 à 125. Elle a contesté à peu près six mots que j'ai posés, et tous figuraient dans l'*Officiel du Scrabble* (nous nous servions de l'édition familiale à la maison, car elle ne pouvait pas se douter que je possédais l'édition « Clubs et Tournois »).

Une fois la partie terminée, elle a secoué la tête.

– Je ne croyais pas que ce soit possible, mais tu as encore progressé. À tel point que ce n'est plus très amusant de jouer avec toi !

Elle souriait en le disant, mais j'ai bien vu qu'elle ne plaisantait pas complètement. En mon for intérieur, cela m'a fait plaisir, car je me suis rappelé ce que Mohammed m'avait dit le premier soir au club, quand il m'avait raconté que ses compagnons de chambre ne voulaient plus jouer contre lui. Cela signifiait peut-être que je n'étais plus un joueur du dimanche.

Et, soudain, j'ai compris comment aborder le sujet du club. Il me suffisait d'appliquer la stratégie du Scrabble. Au Scrabble, il ne suffisait pas d'avoir du jeu ; cela dépendait aussi des lettres qu'on posait et de celles qu'on décidait de garder.

Autrement dit, je n'étais pas obligé de lui dévoiler toute la vérité. Je pouvais jouer les éléments que je voulais jouer, et garder le reste pour moi.

– C'est vrai que j'adore le Scrabble, ai-je avancé en rangeant le jeu, pendant qu'elle se versait encore un verre de vin.

– Je le sais bien.

– C'est une activité pour laquelle je suis doué, ai-je poursuivi, et dont je suis fier.

Je savais que c'était une bonne chose à dire. Maman voulait toujours que je trouve quelque chose, dans ma vie, dont je puisse m'enorgueillir… et jusqu'à présent, au cours de mes douze années trois quarts d'existence, il n'y avait pratiquement rien eu de tel, à moins de compter la fois où l'on m'avait remis une médaille de participation à la fin de la journée annuelle du sport, dans mon école de Regina.

– Où veux-tu en venir, au juste ?

– Quand on était sur Broadway, l'autre jour, j'ai vu une affichette sur un poteau : il y a un club de Scrabble dans le West Side.

(Ce n'était même pas un mensonge, à peine un simple décalage de quelques mois.) J'aimerais beaucoup m'y inscrire.

– Un club de Scrabble ? Ça m'a l'air chouette.

– Alors, je peux ?

– Quand est-ce ?

Elle dansait en écoutant la musique - cette fois, un CD d'un autre Canadien, nommé Luke Doucet - tout en sirotant son vin et, un instant, j'ai eu l'impression de la contempler telle que mon père avait dû la voir des années plus tôt : heureuse, insouciante, peut-être même drôle.

– Le mercredi à dix-neuf heures, à l'église unifiée du West Side.

– Mais c'est loin ! C'est du côté de l'université !

– Je pourrais y aller en bus.

– Tout seul ?

– Maman, j'ai douze ans trois quarts. J'en aurai treize en juillet.

Elle a secoué la tête.

– Je regrette, Ambrose, pas question que je te laisse prendre le bus tout seul, dans la nuit...

– Il ne fait presque plus nuit à sept heures, maintenant que les jours rallongent.

– Mais après, pour le retour ?

J'ai failli lui suggérer de passer me prendre en rentrant du boulot, mais je me suis rappelé à temps qu'il ne fallait pas qu'elle sache que Cosmo fréquentait aussi le club.

– Je suis sûr que je pourrais trouver quelqu'un pour me ramener.

Elle a cessé de danser et éteint la musique.

– Regarde-moi bien, Ambrose : est-ce que j'ai l'air d'une folle ? Tu crois vraiment que je te laisserais monter en voiture avec un parfait inconnu ?

– Mais au bout de quelques semaines les gens ne seraient plus des inconnus.

– Désolée, mais c'est non.

À ce stade, j'étais prêt à tout.

– Et si je trouvais quelqu'un pour m'y conduire ? Quelqu'un que tu connais, à qui tu fais confiance ?

– Et qui donc ?

– Les Economopoulos ? Peut-être qu'un des deux voudrait bien.

– Mme Economopoulos n'a pas le permis. Et tu as vu M. Economopoulos au volant ? C'est un miracle qu'il n'ait encore tué personne et qu'il soit encore en vie.

– Alors Cosmo.

C'est sorti tout seul.

Elle m'a fait les gros yeux.

– Je suis absolument navrée, Ambrose. Si je pouvais t'accompagner, si les séances avaient lieu le week-end, je le ferais sans hésiter. Mais je serais une très mauvaise mère si j'acceptais de te laisser y aller.

– Maman, s'te plaît…

– Le sujet est clos.

Elle a pris son verre de vin, est partie dans sa chambre et a claqué la porte.

Je suis resté planté là pendant une minute, à réfléchir. Après quoi j'ai traversé mon rideau de perles, je suis entré dans ma propre chambre et j'ai pris le formulaire d'autorisation sur mon bureau. J'ai empoigné un stylo et, sur la ligne qui suivait la mention SIGNATURE DES PARENTS OU DU TUTEUR LÉGAL, j'ai tracé de ma plus belle écriture : *Irène Bukowski*.

Cosmo et moi sommes retournés au club de Scrabble le mercredi suivant. Il ne m'a pas posé de questions sur ma mère en chemin, ce qui m'a soulagé. Nous avons surtout parlé de la météo (j'ai remarqué que c'était un sujet apprécié des habitants de Vancouver).

Mais, pour la première fois depuis que nous venions au club, j'avais des remords. Avant, au moins, je pouvais me dire que maman ne m'avait jamais interdit de venir, vu que je ne lui en avais jamais parlé. Mais désormais j'étais pleinement informé de son avis sur la question, et j'allais contre, à cent pour cent.

Cependant, j'ai rapidement oublié ce sentiment une fois franchie la porte de la salle de catéchisme.

– Ambrose ! Bon retour parmi nous ! m'a lancé Mohammed.

Et il m'a tendu une liste de mots qu'il avait imprimée exprès pour moi.

– Nous pensions t'avoir perdu, a ajouté une femme prénommée Beth.

C'était agréable de savoir que d'autres avaient regretté ma courte absence. Même Joan et moi nous entendions mieux, depuis que je lui avais parlé de mon allergie et qu'elle m'avait raconté son intolérance au lactose.

– Comment vas-tu ce soir, Joan ? lui ai-je demandé pendant que nous installions les plateaux de jeu.

– Très mal. J'ai mangé une salade grecque au déjeuner. Ils m'ont juré craché que la feta était au lait de chèvre, mais vu ce qui se passe dans mes boyaux, je peux te dire que c'était de la vache. Je suis complètement ballonnée depuis ce midi.

Ce qu'elle a prouvé en lâchant un long pet. C'est donc avec soulagement que j'ai appris que nous avions six débutants parmi nous et que je ne jouerais pas contre elle.

Une fois que nous avons tous été assis sur nos petites chaises, Amanda a fait ses annonces.

– Si quelqu'un a vu le minuteur de Susan, merci de l'en informer. Elle ne le retrouve plus depuis la semaine dernière. Larry a participé au tournoi de Portland et amélioré sa cote de cent points en gagnant dix parties sur quatorze, montant ainsi à 1767... Félicitations, Larry !

Tout le monde a applaudi et le Larry en question a salué en inclinant le buste, dans son pantalon de jogging taché.

– Et, bien sûr, la grande nouvelle est que notre tournoi annuel se tiendra dans trois semaines ! La date est fixée au samedi 14 mai. Nous disputerons huit parties. Les joueurs doivent être présents à huit heures trente du matin et nous espérons avoir terminé à dix-huit heures. J'ai déjà reçu plus de soixante-quinze bulletins d'inscription. Nous avons des concurrents qui viendront d'aussi loin que Boston, dans le Massachusetts, ou Sacramento, en Californie. Si vous souhaitez participer mais n'êtes pas encore inscrits, dépêchez-vous. Il nous faut vos bulletins et vos chèques samedi au plus tard.

Les parties ont commencé. Malgré tous mes sentiments contradictoires à propos de maman, je me suis à nouveau laissé absorber par le jeu. Pour la première fois, j'ai gagné mes trois parties. Même Cosmo a réussi à en remporter deux.

Nous étions donc un peu ivres de joie, l'un comme l'autre, lorsque Amanda s'est approchée de nous.

– Tu as parlé du club à ta mère ? m'a-t-elle demandé.

– Oui.

(D'un point de vue strictement technique, ce n'était pas un mensonge.)

– Et ?

– Et elle est d'accord.

(D'un point de vue strictement technique, c'était un mensonge.)

– Tu as apporté son autorisation ?

J'ai hoché la tête et la lui ai tendue. Elle l'a regardée, Cosmo aussi, et, d'un coup, j'ai senti que je suais sous les bras.

Mais tout s'est bien passé.

– Super, m'a-t-elle dit. D'autant qu'à mon avis tu devrais participer au tournoi.

– Ah bon ?

– Tu es prêt, Ambrose. Cosmo, toi aussi. Vous faites tous les deux de grands progrès. Tant qu'on n'a pas joué en compétition, on ne peut pas être classé. Si vous voulez jouer sérieusement, c'est la prochaine étape. Et aussi, c'est vraiment très marrant.

Elle nous a tendu des formulaires à tous les deux, mais lorsque Cosmo a tenté de l'embrasser rapidement sur les lèvres pour lui dire au revoir, elle a tourné la tête, si bien que le baiser a atterri sur sa joue.

Sur le chemin du retour, Cosmo m'a interrogé.

– Tu as imité sa signature, pas vrai ?

Je n'ai pas répondu.

– Ambrose...

– Je ne répondrai pas ! ai-je éclaté. Tu lui as promis d'être l'honnêteté faite homme, hein ? Tu te sentirais moralement obligé de rapporter à Amanda.

– Je ne ferais jamais ça.

J'ai regardé par la vitre, regrettant soudain de ne pas être à la maison, avec maman, pour regarder un vieux film avec elle, tous les deux blottis sur le canapé, comme nous le faisions de temps en temps avant qu'elle ne doive travailler le soir.

– J'ai essayé de lui dire, ai-je expliqué. Mais il y avait tant de choses que je devais garder pour moi...

– Le fait qu'on sorte tous les deux, par exemple.

Je n'ai rien dit.

– Elle ne m'aime pas.

– Non, Cosmo, elle ne t'aime pas. Mais tout ce qu'elle sait de toi, c'est que tu es un ex-taulard et un toxico. On ne peut pas entièrement lui en vouloir.

– Si elle me connaissait mieux...

– Ça ne changerait rien. Elle ne te ferait pas confiance : elle penserait que tu es gentil avec moi parce que tu es un pédophile et que tu comptes me kidnapper ; ou parce que tu veux que je me mette à vendre de la drogue pour toi ; ou pour me faire culpabiliser afin que je lui cache que tu me frappes.

– Non mais c'est d...

– Son esprit fonctionne comme ça. Je lui ai proposé d'aller au club en bus, mais elle a peur qu'un inconnu ne descende à mon arrêt pour me suivre. Ou alors elle imagine un pervers faisant semblant d'être mon ami avant de me tuer. Ou elle me voit déjà renversé par une voiture en traversant la rue sans elle.

– Ce n'est pas très gai, ce qu'elle a dans la tête.

– Non, pas très. Mais peut-être qu'on serait pareils si on perdait quelqu'un comme elle a perdu mon père. Un matin, tout est normal : il est là, il lui tapote son gros ventre et l'embrasse en disant « à ce soir »... et puis boum. Il meurt, comme ça, d'un coup, parce qu'il avait une bombe à retardement dans la tête.

Nous n'avons plus tellement parlé après cela. En descendant de voiture, devant la maison, Cosmo a brandi les formulaires qu'Amanda nous avait donnés.

– Tu vas t'inscrire ?

J'ai secoué négativement la tête.

– J'aimerais bien, mais c'est un samedi. Ma mère ne travaille pas. Et en plus ça coûte quarante dollars.

– Bon, si tu changes d'avis, je te paie l'inscription. Je crois que je vais travailler un peu plus régulièrement au chantier.

– Bonne nouvelle !

Puis, parce qu'il fallait vraiment que je pose la question :

– Tu as de nouveau essayé de t'acheter de la drogue ?

– Non. Et toi, tu as enfin jeté ton pantalon violet ?

– Aucun risque !

Nous nous sommes séparés là-dessus. Cosmo a commencé à gravir le perron tandis que je passais par le côté. Tout à coup, je l'ai entendu pousser un fort juron, un de ceux que l'on peut conjuguer à tous les temps dans l'édition « Clubs et Tournois » de l'*Officiel du Scrabble*, mais pas dans l'édition familiale.

J'ai couru le retrouver à la porte. Rigide, il regardait à travers la fenêtre du salon. Littéralement à travers. Car la vitre, à part quelques éclats, n'était plus là.

Quelqu'un l'avait fracassée en y jetant une pierre.

21. L C M E A I R

limace, malice, arme, raclé, came, ciel, aile, aime, merci

MIRACLE

Cosmo ne voulait pas que j'entre avec lui, mais il ne voulait pas non plus que j'appelle la police. Je suis donc resté dehors, tremblotant, empoté, effrayé.

Au bout de quelques minutes, il m'a annoncé que la voie était libre et que je pouvais venir.

– Apparemment, il ne manque rien, a-t-il dit.

– C'est un message, pas vrai ? À cause de tes dettes.

– Mais non. C'est juste une blague de gosses.

– Je...

– Tu as entendu ce que je viens de dire ?

– Oui oui. Pigé.

Et c'était vrai. Il me disait que cela valait mieux pour lui - pour nous deux - si tout le monde croyait à cette version.

– C'est affreux, ce qui est arrivé aux Economopoulos, a dit ma mère, le lendemain, en m'accompagnant au collège de Cypress.

C'était un bel après-midi tiède d'avril, et le beau temps était d'autant plus agréable qu'il succédait à trois jours de pluie. Le soleil chauffait l'herbe humide, les arbres et les millions de fleurs colorées qui s'épanouissaient, faisant monter de partout un parfum délicieux.

– Oui, des crétins d'ados.

– J'ai choisi ce quartier parce qu'il était censé être sûr. Et voilà qu'on se retrouve avec un repris de justice dans la maison, et maintenant ça...

– Maman. Le quartier est sûr.

Je me suis branché sur mon cyber-prof et, comme d'habitude, M. Acheson est passé nous dire bonjour. Il était tout beau dans un costard bleu marine que je ne lui connaissais pas, et j'ai eu l'impression qu'il avait minci. Ma mère est partie avec lui pour discuter de je ne sais quoi pendant que je travaillais. Et, comme d'habitude, je n'ai pas bougé de la salle d'informatique jusqu'à son retour. J'avais appris la leçon : je ne sortais plus seul du collège. Une fois de plus, elle est revenue avec quelques minutes de retard. En l'attendant, j'ai cru apercevoir Troy qui passait devant la porte, et je me suis demandé quel pauvre diable les Trois Petits Cochons avaient choisi de martyriser, maintenant que je n'étais plus là.

Comme je l'ai dit, c'était un jour ordinaire. Du moins, jusqu'à notre retour à la maison. Car c'est alors qu'un miracle s'est produit. Un miracle mineur, mais quand même, un de ces petits moments parfaits qui vous font penser qu'il y a bien un Être supérieur là-haut, et que pendant un instant, au hasard, il s'occupe de vous et de personne d'autre.

Maman écoutait de la musique tout en préparant son fameux ragoût de thon, afin que j'aie quelque chose à me mettre sous la dent pendant qu'elle serait à la fac. Je lisais *Sang d'encre*, la suite de *Cœur d'encre*.

Elle a mis la cocotte au four, après quoi elle s'est tournée vers moi.

– Ambrose, il faut qu'on parle.

– De quoi ?

– Pose ton livre.

Elle a éteint la musique et s'est assise à côté de moi sur le canapé. J'ai posé mon livre et je l'ai regardée. Elle avait une voix sérieuse, et une expression tout aussi sérieuse. Mon estomac s'est vrillé comme une serpillière en train d'être essorée. J'étais sûr qu'elle m'avait grillé. Elle avait dû découvrir que Cosmo et moi passions du temps ensemble.

– Tu sais que je n'aimerai jamais un homme comme j'aimais ton père, a-t-elle commencé.

– Oui...

– Et tu sais que ma priorité absolue, pour toujours et à jamais, c'est toi, Ambrose. Tu es la personne la plus importante dans ma vie, point final.

– Je le sais, oui.

Et soudain j'ai éprouvé une bouffée de panique. Elle allait m'annoncer qu'il ne lui restait que six mois à vivre.

– Maman, il y a un problème ? Tu es malade ?

Elle a ri.

– Oh, mon Dieu, non, pas du tout. (Elle a inspiré à fond avant de continuer.) On m'a invitée à sortir.

– À sortir ?

– Enfin ce n'est pas vraiment une sortie, c'est un stage de cuisine d'une journée.

– Avec qui ?

– Bob. M. Acheson.

– Tu plaisantes.

Mais je savais bien que non. Je comprenais à présent toutes ces fois où il était « passé nous voir ». Pourtant, c'était difficile d'imaginer M. Acheson, avec ses poils dans le nez, ses cravates délirantes et sa calvitie naissante, sortant avec une femme, et encore plus de l'imaginer sortant avec ma mère.

– En fait, c'est une drôle d'histoire, a-t-elle enchaîné en tortillant une mèche de ses cheveux (un indice certain de sa nervosité). Il a gagné à un concours, figure-toi ! Il a participé à un tirage au sort dans une librairie, et on lui a remis deux billets pour un stage de cuisine italienne au club « Des livres et des fourneaux », samedi dans trois semaines. Donc en somme, ce n'est pas vraiment une sortie, nous allons juste... faire un petit stage ensemble, et je me dis que... bah, ça ne me ferait pas de mal d'améliorer un peu mes talents de cordon-bleu...

Elle m'a regardé, inquiète, parce que j'étais muet comme une carpe. Si j'étais muet, c'était en partie parce que je n'arrivais pas à imaginer ma mère avec M. Acheson, mais surtout parce le tournoi de Scrabble était prévu pour le même samedi. Qu'elle aille donc prendre son cours de cuisine ! Et moi, pendant ce temps-là, je participerais à mon tournoi.

– Ambrose, si tu ne veux pas que j'y aille, dis-le et j'annule tout de suite. D'ailleurs, je ferais sans doute mieux de refuser...

– Non ! ai-je crié, la faisant sursauter. Je veux dire... bien sûr que tu devrais y aller. C'est chouette que tu sortes. Tu n'es pas moche pour quelqu'un de ton âge.

– Eh bien, je te remercie !

– De rien. Mais... un conseil, ne regarde pas dans son nez. Il est plein de poils.

– Ah bon ? Je n'avais pas remarqué. Pour tout dire, je le trouve plutôt bel homme.

J'ai failli faire semblant de vomir, mais je me suis finalement abstenu.

– Vraiment, tu es sûr que ça ne t'embête pas ?

– Sûr et certain. Vas-y.

Elle a souri, soulagée.

Et moi donc.

Lorsqu'elle est partie pour la fac en fin d'après-midi, j'étais sur un petit nuage. J'avais envie de courir en haut annoncer la bonne nouvelle à Cosmo, mais je savais qu'il avait une réunion des NA après le travail. Les Economopoulos étaient sortis, eux aussi : je n'entendais ni leurs bruits de pas ni leur musique grecque au-dessus de ma tête.

J'ai réchauffé et mangé le ragoût de thon, après quoi je me suis entraîné à mes parades et à mes coups de poing en écoutant un

CD de Bryan Adams. Une fois cela terminé, j'ai sorti la liste de mots que Mohammed m'avait imprimée et allumé la télé pour me tenir compagnie.

Vers vingt heures, on a frappé à la porte.

Il faisait déjà nuit, et je ne distinguais qu'une silhouette à travers le voilage de la fenêtre. Notre ampoule extérieure ayant grillé, je ne pouvais pas allumer. Je me suis dit que c'était Cosmo, de retour de sa réunion. Mais quand j'ai ouvert, ce n'était pas lui qui se tenait sur le paillasson.

C'était Silvio.

Vous connaissez cette expression : « Mon cœur a bondi dans ma poitrine » ? Eh bien, c'est exactement ce qu'a fait le mien. Silvio était encore plus terrifiant vu de près. Sa peau était grisâtre et ses dents étaient toutes tordues et jaunes.

– Tiens tiens. Tu te souviens de moi ? a-t-il dit.

Il a souri, mais cela n'avait rien d'amical.

– N-non, pou-pourquoi ? ai-je bredouillé.

– Je suis l'ami de tonton Cosmo.

– Ah, oui. Euh... il n'est pas là.

J'ai tenté de fermer la porte, mais il a tendu un bras puissant pour la bloquer.

– Tu n'es pas vraiment son neveu, hein ?

– Je... comment ça ?

– Tu me prends pour une truffe ?

– Non.

J'avais les boyaux en vrac. Je craignais d'avoir une diarrhée, là, tout debout devant lui. Je n'avais qu'une idée en tête : il pouvait me tuer à mains nues et ma mère trébucherait sur mon corps en rentrant du travail. Toutes ses théories surprotectrices seraient confirmées, et elle se retrouverait vraiment seule au monde. Cela suffisait à me donner envie de pleurer.

– File un message de ma part à ton « oncle », tu veux ?

J'ai fait oui de la tête.

– Dis-lui que son copain Silvio lui a rendu visite ce soir. Et que je veux ce qu'il me doit.

– Il y travaille, je vous le jure, il m'a racont...

– Dis-lui que cinquante dollars par-ci, cinquante dollars par-là, ça ne marche pas. Je veux mon argent. D'un coup. Sinon...

Je n'ai pas pu m'empêcher de poser la question.

– Sinon quoi ?

Il n'a pas répondu.

– Tu crois que tu peux y arriver ? m'a-t-il simplement demandé.

De nouveau, j'ai fait oui de la tête.

– Bien. Bonne soirée, alors. Et ferme à clé derrière toi. Ta mère ne t'a pas appris à ne pas ouvrir aux gens que tu ne connais pas ?

Là, il a ri comme s'il trouvait ça vraiment très drôle et s'en est allé d'un pas tranquille.

J'ai fermé la porte à double tour et traîné une lourde chaise devant. Il faudrait que je pense à l'enlever avant le retour de maman, ce qui m'empêchait d'aller me coucher.

Mais ce n'était pas un problème. De toute manière, je ne risquais pas de fermer l'œil.

22. PTHROIME

mitre, métro, impôt, moite, importé, potier, trompé, timoré, tripe

TRIOMPHE

Avec l'arrivée du beau temps et l'allongement des jours, les Economopoulos s'étaient mis à faire bien plus de barbecues. Je sortais dans le jardin aussitôt que je flairais de la viande en train de cuire, et ils m'invitaient toujours à me joindre à eux. Je ne refusais jamais.

Un soir, Amanda est venue. Cosmo et elle ne voulaient pas précipiter les choses, mais elle avait accepté son invitation à dîner et à rencontrer sa famille. Elle est arrivée à la porte dans un pull vert mousse tricoté avec la laine la plus douce du monde. Je le sais, parce que j'ai pu la toucher quand elle m'a embrassé.

Cosmo a rougi en la laissant passer devant lui dans le salon pour faire les présentations.

– Maman, papa, je vous présente Amanda Svecova. C'est... (Il a cherché le mot juste.) une amie.

M. et Mme E ont été très polis, mais ils ont beaucoup parlé en grec à Cosmo. Celui-ci a fini par rire et par dire dans notre langue :

– Vous avez raison, elle n'est pas grecque.

Mme E lui a donné un petit coup dans le bras, gênée qu'il ait traduit ses propos, mais Amanda a souri.

– Je suis moitié tchèque, moitié irlandaise ; mais canadienne avant tout !

Ensuite, tout s'est apaisé et Amanda a marqué des points auprès du père de Cosmo en lui confiant que *The Mercer Report*[1] était une de ses émissions de télé préférées, car c'était aussi son cas à lui.

– Ce Rick Mercer, il devrait être Premier ministre, a dit M. E dans un anglais remarquablement correct.

Elle a aussi marqué des points avec la mère de Cosmo lorsqu'elle a demandé si elle pouvait se resservir.

– J'aime bien ça, m'a chuchoté Mme E, une fille qui n'a pas peur de manger.

Comme je voulais me mettre en quatre pour aider Cosmo et Amanda, je lui ai répondu :

– Vous avez raison. Elle adore s'empiffrer.

Après le dîner, Amanda a insisté pour aider Mme E à faire la vaisselle. Pour ma part, je me suis installé devant la télé avec Cosmo et son père pour regarder un match de foot. Mais une minute plus tard elle a fait irruption dans la pièce.

– Cosmo ? Ambrose ? Je ne vous ai pas dit ? C'est vous qui essuyez !

Nous avons râlé, mais nous nous sommes levés pour aller aider. Cosmo n'arrêtait pas d'envoyer des petits coups de torchon à Amanda et à sa mère. Elles lui criaient d'arrêter, mais elles riaient, elles aussi.

Ensuite, Amanda est allée à sa voiture. Elle en est revenue avec son jeu de Scrabble, qu'elle a installé sur la table de la salle à manger.

– Bon, Ambrose. Tu vas jouer une partie contre moi, a-t-elle décidé.

Au cours de la partie, elle s'est fréquemment interrompue pour me donner des conseils.

1. Émission de télévision comique et satirique très populaire au Canada, présentée par Rick Mercer. (Note de la traductrice.)

– Tu vois ce « mot compte triple » que je viens de faire ? Tu aurais pu m'en empêcher.

Et elle m'indiquait comment. Elle m'a aussi appris à garder le compte des lettres qui restaient dans le sac, afin de deviner grosso modo lesquelles avait mon adversaire, et à en profiter pour composer des mots multiples en un seul tour. Cosmo regardait, et même M. et Mme E venaient de temps en temps voir où nous en étions.

Puis elle a essayé de m'enseigner quelques techniques de relaxation.

– Au cas où tu commences à paniquer. Cela arrive aux meilleurs d'entre nous.

Elle m'a montré comment inspirer puis expirer à fond, pour chasser la nervosité.

– Il y a aussi la visualisation positive. Si tu te sens en danger, imagine une scène qui te rend vraiment tranquille et heureux. Vas-y, essaie.

J'ai obéi. D'abord, j'ai eu du mal à trouver quelque chose. Mais ensuite j'ai songé à mon père. Son image m'a rendu tranquille et heureux, certes, mais aussi triste et esseulé. La visualisation positive, ce n'était pas gagné pour moi.

J'ai envisagé de raconter à Cosmo la visite de Silvio, mais ce n'était jamais le moment, et puis je ne voyais pas l'intérêt. Je savais qu'il faisait son maximum pour rembourser sa dette, et je savais qu'il ne voulait pas emprunter à ses parents. Alors à quoi bon le stresser encore davantage ? De toute manière, il n'y avait pas grand-chose à faire. Pas grand-chose de légal, en tout cas.

Les semaines ont passé et, soudain, la veille du tournoi est arrivée. J'avais la tête pleine de mots, et mon estomac faisait des galipettes (*galettes*, *palettes*, *agité*, *égalité*, *pelage*, *épelais*, *épilé*). Impossible de fermer l'œil. Enfin, après m'être retourné dans mon lit jusqu'à trois heures du matin, je me suis levé pour aller chercher un verre d'eau. J'ai trouvé ma mère sur le canapé.

– Maman ?

– Ambrose, qu'est-ce que tu fais debout ?

– Je n'arrive pas à dormir.

– Moi non plus.

Je me suis assis à côté d'elle. Elle parcourait notre album photo préféré, celui qui contenait toutes les photos de papa. Elle les avait presque toutes prises elle-même.

– Je ne crois pas que ce soit une bonne idée d'aller à ce stage de cuisine, a-t-elle dit.

Mon cœur a dégringolé sur place.

– Pourquoi ?

– Je crois que je vais appeler Bob pour annuler.

– Tu ne peux pas faire ça !

J'ai dû le dire un peu trop fort, parce qu'elle m'a regardé bizarrement. Mais là, j'ai compris. Elle ne pouvait pas dormir... Elle regardait les photos de papa...

– Maman. Il ne t'en voudrait pas.

Elle a continué de feuilleter l'album sans répondre.

– Ça fait presque treize ans qu'il est mort. Et d'après tout ce que tu m'as raconté sur lui... c'était quelqu'un de bien.

– Oui, de vraiment bien, Ambrose.

– Alors il voudrait que tu tournes la page.

– On ne peut pas dire que je tourne la page. Ce n'est qu'un stage de cuisine.

– Exactement. Ce n'est qu'un stage de cuisine. Et en plus tu ne vas pas annuler maintenant ! M. Acheson n'aura jamais le temps d'inviter quelqu'un d'autre.

Elle a soupiré.

– Tu as raison. Je vais y aller. Du moment que tu me promets que ça ne te pose vraiment aucun problème.

– Maman. Ça ne me pose vraiment aucun problème.

Je n'aurais pas pu être plus sincère.

Maman devait partir à huit heures du matin. Cosmo et moi avions prévu de nous retrouver devant la maison aussitôt après. À huit heures cinq, elle est sortie de sa chambre en jean et tee-shirt blanc. J'ai tâché de cacher mon impatience pendant qu'elle enfilait sa veste en daim.

– Je suis comment ? m'a-t-elle demandé.

Elle s'observait d'un air soucieux dans le miroir en pied de l'entrée.

– Tu es magnifique. Décontractée, mais magnifique.

Elle a hoché la tête.

– Tu as raison. C'est trop décontracté.

– Ce n'est pas ce que je voulais d...

Mais elle était déjà de retour dans sa chambre, en train de se changer. J'ai fait les cent pas dans le salon en regardant la pendule. À huit heures treize, elle est ressortie, cette fois en jupe noire, chemisier gris et hauts talons.

– Alors ?

– Parfait. Très élégant. Sophistiqué, ai-je soufflé rapidement. Allez, fonce, tu vas être en retard.

– Tu as raison. C'est trop sophistiqué.

Oh, non, c'est pas vrai ! Elle a re-disparu dans sa chambre.

Cette fois, j'en ai profité pour filer dehors, où Cosmo m'attendait.

– Qu'est-ce que tu fabriques ? m'a-t-il chuchoté.

– C'est ma mère. Elle nous fait une crise de « je ne sais pas quoi me mettre ». Ne pars pas sans moi.

– Grouille ! a-t-il crié dans mon dos alors que je rentrais en courant, juste à temps pour voir maman sortir de sa chambre, en jupe bleue et chemisier blanc.

– Parfait ! j'ai déclaré. Comme dirait Boucle d'Or, c'est tout à fait bien.

J'avais trouvé la bonne réplique, apparemment, car elle s'est détendue et m'a souri.

– Tu peux regarder l'heure ? m'a-t-elle demandé.

J'ai eu envie de lui hurler que je ne faisais que ça, et que je ne savais que trop bien qu'il était déjà huit heures vingt-huit. Elle a pris son sac.

– Allez, bonne journée, lui ai-je dit.

– Tu as le numéro de portable de Bob ?

– Oui.

– Tu pourras me joindre à tout moment.

– Je sais.

– Et ne traverse pas sans regarder.

– Maman ! Je sais. On a déjà parlé de tout ça.

– D'accord. Le stage se termine à six heures. Je serai là vers six heures et demie-sept heures.

Et enfin, à huit heures trente-trois, elle est partie.

J'ai attendu qu'elle ait disparu au bout de la rue, puis j'ai couru rejoindre Cosmo. Nous avons foncé pied au plancher jusqu'à la salle des fêtes de Kitsilano, où avait lieu le tournoi parce que l'église unifiée du West Side était trop petite.

– Qu'est-ce que je t'avais dit au sujet de ton futal violet ? m'a demandé Cosmo en reluquant mes frusques tandis que nous prenions les petites rues à toute allure.

– C'est mon pantalon porte-bonheur.

Je portais aussi un sweat à capuche rouge vif marqué LA CHANCE EST AVEC MOI sur le devant, une autre magnifique trouvaille faite dans un vide-greniers. Au pied, j'avais mes Ike. Je me trouvais plutôt chic.

– Je t'accorde que tu es coloré, a dit Cosmo.

– On voit ton tatouage, j'ai répondu en regardant son tee-shirt à manches courtes.

– C'est pour intimider l'adversaire. Tous les moyens sont bons.

Lorsque nous nous sommes garés dans une rue bordée d'arbres proche de la salle des fêtes, il a sorti un gros panier du coffre.

– Qu'est-ce que c'est que ça ?

– Le pique-nique. C'est moi qui l'ai fait, a-t-il annoncé, tout fiérot. L'idée, c'est qu'Amanda se joigne à nous, tu vois ?

Nous avons commencé à nous rapprocher du centre communautaire, qui, avec ses nombreux bâtiments et son parc, occupait deux bons pâtés de maisons. C'était une superbe journée de mai, chaude et ensoleillée, et les terrains de sport adjacents grouillaient d'équipes de foot et de base-ball en pleine action.

À l'intérieur, l'activité régnait, et j'ai pris conscience que la plupart des gens se dirigeaient vers le gymnase qu'Amanda avait loué pour l'occasion.

– On est combien ? me suis-je enquis en la voyant à la porte.

– Au dernier décompte, on avait près d'une centaine d'inscrits. Mais assez bavardé, dépêchez-vous. Votre première partie commence dans cinq minutes.

J'ai couru aux toilettes et j'ai eu une diarrhée liquide.

Cinq minutes plus tard, je rentrais en hâte dans la salle. Elle était entièrement remplie de tables et de chaises. Presque cent joueurs venus de toute l'Amérique du Nord prenaient place, et beaucoup d'entre eux installaient leur plateau de Scrabble personnel. Certains étaient des pièces uniques réalisées sur commande et d'autres, comme me l'a appris Amanda plus tard, étaient même faits main. J'ai vu quelques personnes avec des bouchons d'oreilles pour s'isoler du bruit. Un type avait assis un singe en peluche à côté de lui sur la table : j'ai deviné que c'était son porte-bonheur, un peu comme mon pantalon.

Après avoir consulté la liste, j'ai trouvé ma place face à une petite vieille aux cheveux bleus. Elle s'appelait Betsy et portait une robe couverte de papillons. Elle me rappelait un peu Mamie Ruth. Amanda m'avait prévenu que comme je n'étais pas encore classé je jouerais mes deux premières parties contre des joueurs qui se trouvaient dans le même cas. Ensuite, l'ordinateur déciderait de mon adversaire suivant, en tâchant de m'associer avec des joueurs de niveau équivalent.

J'ai demandé à Betsy d'où elle venait.

– Comox, a-t-elle répondu, laconique. (C'est un bled pas très éloigné de chez nous.)

Elle n'a rien dit d'autre, et le moment est venu de choisir nos jetons. Betsy a tiré un C, moi un M, elle a donc commencé. Elle ressemblait fort à une joueuse du dimanche, et je me suis légèrement décontracté, sachant que je démarrais par une partie facile.

Mais elle a posé d'entrée un assez beau INSCRIT comptant double, avec une « lettre compte double » et cinquante points de bonus pour avoir utilisé toutes ses lettres, et là, j'ai su que j'étais dans le pétrin.

– Soixante-dix, a-t-elle annoncé en tapant sur son minuteur, après quoi elle a lâché un rire sonore. Essaie de faire mieux, nabot.

D'accord. Rien à voir avec Mamie Ruth.

J'ai regardé mes jetons, et cette fois j'ai vraiment paniqué : ETODXLP. Je ne trouvais que des mots minables comme PORTE avec son R, ou PLOTS avec son S. Mon minuteur tournait, impitoyable. Je sentais bien qu'il devait y avoir autre chose à faire avec mon tirage, mais je ne voyais rien. En face, Betsy faisait cliqueter son dentier et émettait des bruits de gorge bizarres, et j'étais persuadé qu'elle le faisait exprès. J'ai de nouveau senti mes boyaux se crisper, j'avais encore envie d'aller aux toilettes, et nous ne jouions que depuis une minute.

Alors je me suis remémoré les conseils d'Amanda sur la respiration et la visualisation positive. Je me suis dit que cela valait la peine d'essayer. Je me suis mis à inspirer et expirer lentement. Dans ma tête, j'ai imaginé un ruisseau glougloutant dans les bois, mais comme c'était trop nunuche, j'ai essayé de me figurer Amanda sans rien en haut ; je savais que c'était légèrement répréhensible (d'autant plus que Cosmo l'aimait), mais je me suis senti bien mieux, tout chaud de partout. Je n'entendais même plus le dentier de Betsy. Après un temps qui m'a semblé durer trois minutes mais n'avait duré que trente secondes, j'ai rouvert les yeux et observé mes lettres. La réponse était là, devant moi. Calmement, j'ai pris mon E et mon X et les ai placés devant son INSCRIT, avec le E sur la case « mot compte triple », pour créer EXINSCRIT.

– Soixante, ai-je dit en arrêtant mon minuteur.

Elle a eu un reniflement méprisant.

– Je conteste.

Nous nous sommes donc dirigés vers l'ordinateur le plus proche et elle y a tapé le mot. J'étais content de moi, car je savais qu'il était accepté, et j'avais raison. C'est un terme de géométrie qui a à voir avec les cercles et les triangles, mais ne m'en demandez pas plus.

Betsy a été obligée de passer son tour, et je peux vous dire qu'elle était vexée comme un pou. Elle a été tout aussi vexée lorsque, plus tard dans la partie, j'ai tiré le Q et joué QUITTE et QI d'un seul coup avec le Q sur une case « lettre compte double », ce qu'il fait qu'il comptait quatre fois. Tout comme elle a été vexée lorsque j'ai joué TAGALOG, qu'elle a contesté, perdant encore un tour. Cela dit, elle aussi a placé beaucoup de bons mots : deux nouveaux bonus avec OPOSSUMS et URETHANE, et un joli KIMONO doublé d'un KA et d'un IF car collé à un PIAF.

Mais c'est moi qui ai gagné. 348 à 322.

Betsy n'était pas contente. Je lui ai tendu la main par-dessus la table, mais elle ne l'a pas prise et a dit :

– Depuis quand laisse-t-on des petits Monsieur-je-sais-tout participer à ces tournois ?

Après quoi elle est partie comme une furie, aussi vite que le lui permettait son déambulateur, c'est-à-dire pas très vite.

De l'autre côté de la salle, Cosmo, qui venait de terminer sa première partie, m'a lancé un regard interrogateur. J'ai levé le pouce. Lui a baissé le sien, mais, comme d'habitude, il ne semblait pas contrarié d'avoir perdu dès le premier tour. J'ai remarqué que beaucoup de joueurs passaient tout leur temps libre à analyser leurs parties, discuter des mots qu'ils avaient joués et de ceux qu'ils auraient dû jouer. À part quelques cas particuliers comme Betsy, l'ambiance était plutôt sympathique.

Au deuxième tour, j'ai affronté un grand maigre affligé d'une vilaine peau et coiffé d'un panama, prénommé Kamal. Il jouait très bien, mais très lentement, si bien que malgré un score final supérieur au mien, il s'est vu retirer quarante points pour dépassement. J'ai gagné de six points. Au troisième tour, j'ai joué contre une dame aimable et bavarde qui avait à peu près l'âge de ma mère, avec une superbe peau noire et des cheveux épais et mousseux. Elle riait beaucoup et se tapait le front du plat de la main chaque fois qu'elle jouait mal, c'est-à-dire assez souvent. Je l'ai facilement vaincue, 318 à 251. Au quatrième round, j'ai joué contre un monsieur timide au regard fuyant. En plus, pour tout dire, il avait très mauvaise haleine. Il venait de Seattle, dans l'État de Washington, et portait un costard gris froissé et usé. Il m'a écrabouillé par 357 à 275.

Peu importe, j'avais passé une matinée fantastique. J'avais gagné trois parties sur quatre. En entendant la nouvelle, Cosmo m'a donné une telle tape dans le dos que j'ai failli m'étaler par terre. Lui n'en avait gagné qu'une, mais apparemment il s'en fichait. Il était même d'humeur radieuse, parce que Amanda avait accepté de déjeuner avec nous.

Le temps était toujours aussi sublime. Cosmo nous avait préparé un énorme pique-nique : poulet froid, *dolmades* (il a tout de même avoué que c'était sa mère qui les avait faits), baguette, fromage, et d'énormes cookies maison (également préparés par Mme E). Comme les joueurs assaillaient Amanda de questions, j'ai pris le panier des mains de Cosmo, qui l'attendait patiemment.

– Je vais nous chercher une place à l'ombre, j'ai dit.

Sachant que j'attrape facilement des coups de soleil, j'ai remonté la capuche de mon sweat avant de m'éloigner. Sur les terrains de sport, les matchs se terminaient et de nouvelles équipes arrivaient.

Je nous ai dégoté un emplacement parfait sous un gros érable. Et au moment où j'allais poser le panier, j'ai entendu :

– Hé, les mecs, regardez ! C'est le Petit Chaperon rouge qui se rend chez sa mère-grand !

Je connaissais cette voix. Qui m'a fait stopper net.

Et comme de juste, lorsque j'ai eu rassemblé assez de courage pour me retourner, j'ai vu Troy trottiner vers moi. Mike et Josh n'étaient pas loin derrière lui. Ils étaient en tenue de foot et, vu les grosses taches de sueur qui maculaient leurs maillots, j'ai compris qu'ils venaient de terminer un match.

– Tiens, les gars. Ça fait longtemps.

– Regardez-moi ça, a dit Troy. C'est la petite tapette, qui se balade avec son petit panier !

– Ça vaut presque sa banane rose bonbon, a ajouté Mike.

– Ce n'est pas mon panier. C'est celui d'un ami.

– Oooh, un ami ! Encore une pédale dans ton genre ? m'a finement demandé Josh.

Ils étaient tous écroulés de rire.

– Je ne suis pas homo. Mais notez que je n'ai rien contre ceux qui...

Cette fois, c'est Josh qui m'a poussé en premier.

J'ai voulu les raisonner.

– Bon, écoutez. Je n'aurais jamais dû raconter que vous étiez mes amis. C'était idiot de ma part. Mais, quand même, vous avez failli me tuer ! Alors si on disait qu'on est quittes et...

Mike m'a poussé à son tour, et j'ai failli me prendre les pieds dans le panier.

– Arrête, j'ai dit.

– Eh, Josh, ouvre le panier ! a lancé Troy. Qu'on voie un peu ce qu'Am-bruti et son petit copain ont à bouffer.

– Ah ouais, je crève la dalle, a renchéri Mike.

Josh a voulu attraper le panier et, en un éclair, l'une des techniques enseignées par Cosmo m'a traversé l'esprit. J'ai bloqué son bras avec le mien.

– Laisse, j'ai dit. Mon pote s'est donné beaucoup de mal pour ce pique-nique.

– Va te faire foutre, m'a répondu Josh.

Il a tenté d'attraper le panier de l'autre main, mais j'ai encore arrêté son geste.

Mike et Troy ont voulu m'arracher le panier. Je me suis interposé et j'ai pris une pose qui, je l'espérais, évoquait vaguement une position de karaté. J'ai tenté d'accompagner cela d'un effet sonore convaincant à la Bruce Lee, une sorte de *Houuuu-waaaa !* Après quoi j'ai empoigné la première arme qui m'est tombée sous la main : la baguette de pain. Troy a voulu l'attraper, mais je l'ai fait tournoyer façon ninja, à grand renfort de cri qui tue : *Waaaaaaaaaa, Hiiiiiiii !* Ils se sont protégé la tête de leurs mains tandis que je les éperonnais avec le pain. Le plus extraordinaire, dans tout cela, c'est que je n'avais pas peur. Les leçons d'autodéfense de Cosmo portaient réellement leurs fruits. Il me suffisait de croire en moi !

Alors Troy a crié :

– T'es un malade, toi !

Il m'a arraché la baguette des mains et l'a brisée en deux d'un seul geste. Il a jeté les deux morceaux par terre, et là, il m'a donné un coup de poing dans le ventre. Fort.

Bon d'accord, croire en moi ne suffit pas, ai-je songé alors qu'il se jetait de nouveau sur moi. Mais cette fois une autre technique de Cosmo m'est venue à l'esprit et, avant qu'il n'ait pu me frapper, j'ai balancé le bras en arrière, comme Cosmo me l'avait enseigné, et puis, de toutes mes forces, je l'ai projeté en avant.

Et mon poing a touché quelque chose.

Le nez de Troy.

Avec un bruit très satisfaisant.

– Fumier ! m'a crié Troy, qui se tenait le pif à deux mains.

J'ai vu qu'il saignait.

Je ne vais pas mentir. C'était très agréable - non, c'était génial - de le voir comme ça, le nez en sang, après tout le mal qu'il m'avait fait. Mais cette sensation agréable a été de courte durée, car j'étais toujours seul contre trois. J'ai songé que j'étais officiellement un homme mort.

Pourtant, j'avais vraiment dû esquinter Troy : à ma grande surprise, il a reculé. Mike et Josh l'ont suivi. Je n'en revenais pas. Je venais, à mains nues, de faire battre en retraite les Trois Petits Cochons. Je n'ai pas pu résister à l'envie de leur hurler :

– Et à partir de maintenant foutez-moi la paix !

J'ai ramassé les deux moitiés de baguette, je les ai époussetées, et je me suis mis à rire.

– Qu'est-ce qu'il y a de drôle ?

C'était Cosmo, qui venait vers moi.

– Tu ne devineras jamais ce qui vient de m'arriver. J'ai fait reculer les Trois Petits Cochons avec une baguette et un bourre-pif.

Il a souri.

– Bien joué, mon petit pote. Et à trois contre un, en plus !

– Tes leçons d'autodéfense ont payé, Cosmo. J'ai paré leurs attaques, et tu aurais dû voir comment je l'ai cogné, l'autre...

Amanda nous a rejoints. Elle a dû voir que je ne touchais plus terre, car elle a demandé :

– Mais qu'est-ce qui se passe ?

– Notre déjeuner était en péril, mais je l'ai sauvé, lui ai-je expliqué.

Et j'ai rejoué pour eux deux tout le déroulement des événements. Amanda n'était pas contente que j'aie frappé quelqu'un en pleine figure, mais ce n'était pas grave. Je ne m'attendais pas à ce qu'une femme, surtout une femme qui ne connaissait pas les Trois Petits Cochons, puisse comprendre.

Cosmo, lui, comprenait, je le voyais bien. Pendant tout le pique-nique, il n'a pas arrêté de me demander de lui remontrer mon coup de poing.

Ce fut un pique-nique délicieux. La fatigue intellectuelle due au tournoi, l'épuisement physique du combat, tout cela m'avait donné une faim de loup. Quatre portions de poulet, deux boîtes de lait, cinq tartines baguette-fromage et trois cookies plus tard, je me suis allongé dans l'herbe pour lâcher un rot sonore.

C'est seulement en rentrant au gymnase que j'ai compris, lentement, pourquoi Troy et ses acolytes s'étaient enfuis.

Ils avaient vu Cosmo arriver. C'était de lui qu'ils avaient eu peur, pas de moi, de ma baguette ou de mon crochet du droit. Je me suis soudain demandé si Cosmo avait tout observé depuis le début, en attendant de voir comment je m'en tirerais avant d'intervenir pour me sauver.

Mais même si c'était le cas, c'était bien. Car j'avais tenu tête aux Trois Petits Cochons. Je n'avais pas eu peur.

Et le mieux, c'est que j'avais placé un sacré bourre-pif.

L'après-midi s'est très bien passé. J'ai gagné mes deux premières parties, perdu la troisième et remporté la quatrième (contre Joan, mais depuis que nous avions des allergies alimentaires en commun elle ne m'en voulait plus de la battre).

J'avais donc gagné six parties sur huit au total. Cosmo, deux sur huit, mais il souriait d'une oreille à l'autre, riait, s'amusait comme un fou. J'étais absolument épuisé : j'aurais pu m'effondrer sur place et m'étaler sur le sol froid du gymnase. Mais nous ne pouvions pas partir : Amanda devait encore distribuer les prix.

Il y avait quatre divisions. Les trois meilleurs joueurs de chacune remportaient des primes en espèces sonnantes et trébuchantes. Le premier prix, doté de cinq cents dollars, a été attribué au vainqueur de la première division : Freddy Wong, un joueur légendaire venu de San Francisco. Larry Schmitt, de notre club du West Side, toujours en pantalon de jogging taché et pieds nus dans ses sandales, est arrivé deuxième et a gagné trois cents dollars.

Amanda a aussi distribué des prix rigolos : le prix de la « Dure Journée » à celui qui avait le plus perdu, et l'accessit du « Mot comptant le plus de points sans bingo ».

Lorsque j'ai cru qu'elle avait terminé, je me suis levé pour me dégourdir les jambes. Mais ce n'était pas fini.

– Il me reste quelques prix spéciaux à attribuer, a-t-elle dit. Le premier va au jeune espoir le plus prometteur. Je pense que tout le monde sera d'accord, au club du West Side, pour dire qu'il est bien mérité par Ambrose Bukowski, âgé de douze ans trois quarts.

Les membres de notre club m'ont applaudi avec enthousiasme. Moi, je n'ai rien fait ; je suis resté figé sur place. Joan, qui était assise à côté de moi, m'a donné un petit coup de coude amical et, de l'autre côté du gymnase, Cosmo a sifflé entre ses doigts.

C'est à peine si je me souviens d'avoir longuement marché jusqu'à Amanda. J'avais l'impression de piétiner dans de la mélasse, ou de la gadoue, les jambes engourdies, les oreilles carillonnantes. Elle m'a tendu un trophée : une petite coupe en verre sur un socle de bois. Sur une plaque de cuivre, il était gravé : PRIX DU MEILLEUR ESPOIR, TOURNOI DE SCRABBLE DE VANCOUVER, AMBROSE BUKOWSKI. C'était écrit en lettres minuscules, pour que tout tienne sur la plaque.

De toute ma vie, je n'avais jamais rien gagné. J'ai eu l'impression qu'une grosse balle en caoutchouc me remontait dans la poitrine.

– Merci, ai-je soufflé.

Après quoi je suis sorti en courant. Mes jambes avaient retrouvé toute leur mobilité. J'ai foncé dans les toilettes des hommes, je me suis enfermé dans une cabine, et j'ai fondu en larmes.

23. U O U T F

fou, fût, out, ou, tu, ut, tuf, ouf, tofu

FOUTU

– C'est le plus beau jour de ma vie, ai-je proclamé en quittant la salle des fêtes avec Amanda et Cosmo, peu après.

– Eh bien, tu as une drôle de manière de le montrer, s'est esclaffé Cosmo.

Mais il m'a entouré de son bras et m'a tapoté l'épaule.

– Je te ramène ? a-t-il proposé à Amanda une fois devant sa voiture.

– En fait, on est quelques-uns à aller chez *Milestone's*.

J'ai bien vu qu'il s'efforçait de masquer sa déception.

– Ah bon, d'accord.

– Mais on pourrait y aller tous ensemble, a-t-elle continué.

L'expression de Cosmo a changé du tout au tout.

– Avec plaisir !

J'ai jeté un coup d'œil à ma montre. Le stage de maman se terminait à six heures, et il était déjà moins cinq.

– Moi, je vais rentrer, ai-je dit. Je suis crevé.

Ils m'ont reconduit à la maison.

– Tu veux qu'on entre un instant ? m'a demandé Amanda. J'aimerais bien faire connaissance avec ta mère. C'est dommage qu'elle n'ait pas pu venir au tournoi aujourd'hui.

Je n'ai même pas eu besoin de mentir.

– Pas possible, elle n'est pas encore rentrée.

Cosmo est descendu de voiture pour que je puisse sortir.

– Tu peux être fier de toi, mon petit pote, m'a-t-il dit. Tu t'es débrouillé comme un chef aujourd'hui !

– Tu devrais te retrouver classé environ quatre centième, a précisé Amanda. Ça ne te paraît peut-être pas extraordinaire comparé aux experts, mais pour un premier tournoi c'est déjà énorme.

J'ai sauté de la voiture en serrant ma coupe contre moi et j'ai agité la main en les regardant partir, non sans un pincement de regret à l'idée que je ne pourrais pas fêter ça avec eux.

Et c'est alors qu'un nouveau miracle s'est produit. Mon portable a sonné.

– Allô ?

– Ambrose ? (C'était maman.) J'ai essayé de te joindre à la maison, mais tu n'étais pas là.

– Non, je suis devant. J'étais sorti faire un tour.

– Tu n'as pas parlé à des inconnus, j'espère.

– Non, maman.

– Écoute... le stage est terminé, mais Bob me propose d'aller manger un morceau. Italien, bien sûr, ha ha. Je lui ai dit que je verrais ça avec toi. Si tu préfères que je rentre...

– Vas-y. Bien sûr qu'il faut que tu y ailles, ai-je répondu (et j'étais vraiment sincère pour elle, pas seulement pour moi). Tu rentres à quelle heure ?

– Dix heures au plus tard. Promis.

– O.K.

Je courais déjà dans la rue.

– Tu es sûr que ça ne t'ennuie pas ?

– Certain.

– Pourquoi es-tu essoufflé tout à coup ?

J'ai dit la première chose qui me passait par la tête.

– Je m'amuse à sauter d'un muret.

Je l'ai entendue rire au bout du fil.

– O.K., mon cœur. Bisous.

– Bisous.

J'ai raccroché et filé comme le zéphyr dans mes Ike, jusque chez *Milestone's*, à l'angle de Bayswater Street et de la Quatrième Avenue Ouest, en m'émerveillant que - pour la seconde fois en deux semaines ! - un Esprit supérieur ait veillé sur moi.

J'ai couru si vite que Cosmo et Amanda passaient tout juste la porte quand je suis arrivé.

Le plus beau jour de ma vie a fait place à la plus belle soirée de ma vie. Nous étions une douzaine en tout. Mohammed, Joan et Larry, de notre club, étaient là. Freddy Wong, le champion, est venu. Ainsi que toute une bande de gens en provenance d'autres villes. Nous avons demandé aux serveurs de regrouper les tables, et je me suis retrouvé assis entre Cosmo et Mohammed, juste en face de Freddy, ce qui était un honneur. Freddy nous a raconté des tas d'histoires sur son championnat du monde de Scrabble, deux ans plus tôt, où il était arrivé cinquantième sur une centaine de joueurs d'élite. Il m'a aussi donné des astuces pour étudier les mots, ce qui était vraiment hyper sympa de sa part. Je l'ai trouvé très bien, très simple, et il m'a même fait un autographe sur ma serviette en papier.

Lorsque notre serveuse s'est approchée, je n'ai pas pu m'empêcher de remarquer que ses seins étaient encore plus gros que ceux d'Amanda.

– Et pour le jeune homme ? a-t-elle demandé quand mon tour est venu de commander.

– Juste de l'eau.

Cosmo s'est tourné vers moi.

– Tu n'as pas faim ?

– Je n'ai pas d'argent, lui ai-je glissé à l'oreille.

– T'inquiète. Prends ce que tu veux, c'est moi qui régale.

– Mais tu n'as pas les moyens...

– J'ai oublié de te dire. Le chef de chantier m'a appris la nouvelle hier : à partir de lundi, je travaille à plein temps.

– C'est génial !

Alors j'ai saisi la carte et je l'ai étudiée d'un coup d'œil rapide. Après avoir informé la serveuse de mon allergie à l'arachide, j'ai commandé une énorme assiette de fettucini Alfredo et un « Roy Rogers » : un genre de cocktail sophistiqué, l'alcool en moins.

Tous les convives riaient, parlaient, analysaient les coups joués ce jour-là, et pas seulement entre eux : avec moi aussi. C'était le sentiment le plus étrange, mais aussi le plus agréable au monde, de me rendre compte que j'étais inclus dans le groupe. Et tout en sirotant mon deuxième Roy Rogers, j'ai lentement compris que c'était ça, avoir des amis. Des gens qui vous aimaient pour vous-même. Des gens qu'on n'avait pas besoin d'essayer d'impressionner. Et même s'ils étaient tous plus âgés que moi (voire, pour certains, carrément vieux), cela n'avait aucune importance. Soudain, j'ai été un peu débordé par l'émotion. Cosmo a dû s'en apercevoir, car il s'est penché pour me demander si tout allait bien, et je lui ai répondu, avec une honnêteté absolue :

– Ça va super bien.

Ensuite, je suis allé aux toilettes, parce que avec tous ces cocktails de fruits j'avais très envie de faire pipi. À mon retour, l'une des joueuses venues de loin avait pris ma chaise, si bien que j'ai pris la sienne, à côté de Larry Schmitt. Je ne l'avais jamais approché d'aussi près, vu qu'il était dans la division « expert ». C'est pourquoi je n'avais jamais remarqué qu'il sentait mauvais : un mélange de vieille chaussette et de beurre rance. Apparemment, il appréciait beaucoup ce qu'il mangeait, car il émettait une sorte de *mmmmmm* à chaque bouchée.

J'ai décidé de lui faire la conversation.

– Quand avez-vous commencé à jouer au Scrabble, Larry ?

– Je jouais avec ma mère quand j'étais petit.

Il n'était pas facile à comprendre, parce qu'il mâchait ses mots. Heureusement que mes oreilles fonctionnaient à merveille.

– Dites donc, moi aussi ! Je veux dire, je suis encore petit, mais je joue avec ma mère.

Il a hoché la tête.

– Ma sœur allait à des surboums, et moi, je restais à la maison pour jouer avec Mère. Je n'étais jamais invité aux surboums, de toute manière. Mais ça ne me dérangeait pas.

J'ai soudain imaginé clairement Larry enfant. J'ai vu les autres qui se moquaient de lui et le traitaient de tous les noms. Je suis sûr qu'ils le surnommaient Larry Schmoutte.

– Et maintenant, avec qui jouez-vous ? lui ai-je poliment demandé.

– Toujours avec Mère. Et au club du West Side, une fois par semaine. Mais la plupart du temps avec ma mère. Je ne peux pas travailler, parce que j'ai, hum, des problèmes de santé. Je vis donc encore à la maison.

– Ah.

Il devait avoir au moins quarante ans.

– Le Scrabble, c'est toute ma vie. Je joue au Scrabble et, quand je ne joue pas, j'apprends des mots. Ou je regarde la télévision. J'adore la télévision. Surtout *Les Experts*.

C'est peut-être méchant, ce que je vais dire, mais soudain je n'avais plus aucune envie de parler avec Larry. J'ai pensé aux paroles de Cosmo à propos des chemins que l'on choisit dans la vie, et de la facilité avec laquelle on pouvait prendre un mauvais virage. Quand je regardais Larry, il me venait l'impression désagréable que si jamais je me trompais de voie je risquais de finir exactement comme lui.

C'étaient des pensées très profondes et je n'étais pas d'humeur profonde. Donc, lorsque la femme assise sur ma chaise s'est levée à son tour pour aller aux toilettes, j'ai pris congé de Larry et regagné ma place à côté de Cosmo. Amanda s'était assise à sa gauche et, en me baissant pour ramasser ma serviette, j'ai vu qu'ils se tenaient la main sous la table.

Pour le dessert, j'ai commandé une grosse part de tarte aux pommes, apportée par notre serveuse, qui m'a assuré qu'elle avait été faite dans une boulangerie sans arachide.

– Meilleur espoir, hein ? a-t-elle dit en voyant mon trophée. Je parie qu'à ton école c'est aussi ce que les filles disent de toi !

Et elle m'a adressé un sourire éblouissant.

– En effet, mais je leur réponds que je n'ai d'yeux que pour vous, Sandy, ai-je répondu en lisant le badge épinglé sur sa forte poitrine.

Dès qu'elle a eu le dos tourné, Cosmo et Mohammed ont explosé de rire.

– Ambrose, tu vas faire des ravages ! a dit Cosmo.

– Si j'avais une fille, je l'enfermerais ! a ajouté Mohammed.

Au moment du départ, Sandy m'a serré dans ses bras et je me suis retrouvé le nez entre ses seins. C'était la conclusion parfaite pour une journée parfaite, même si elle s'est contentée de rire quand je lui ai demandé son numéro de téléphone. Cosmo aussi était d'humeur radieuse, parce que Amanda avait accepté qu'il la raccompagne chez elle.

Quand je suis monté à l'arrière, j'étais le roi du monde.

J'étais loin de me douter que cinq minutes plus tard ce même monde allait s'écrouler autour de moi. Et que cette fois soit l'Esprit supérieur s'occupait de quelqu'un d'autre, soit il était déjà parti se coucher.

Car cette fois il n'y aurait pas de miracle.

Cette fois, j'étais foutu.

24. NERONRTE

rentré, noté, troène, néné, orner, rétro, étron, ténor, étonné

TONNERRE

Cosmo s'est garé devant chez nous quelques minutes plus tard à peine. Cette fois, c'est Amanda qui est descendue de son siège et l'a replié en avant pour que je puisse descendre.

– Et encore toutes mes félicitations, p'tit gars, m'a-t-elle dit. Ta mère va être super fière de toi.

Cosmo est descendu, lui aussi, pour me donner l'accolade.

– T'es un chef, mon pote.

Amanda est remontée en voiture. Cosmo faisait le tour pour rejoindre sa place, lorsqu'une voix s'est élevée dans la nuit.

– Cosmo.

Il a fait volte-face. Tel un spectre, Silvio s'est matérialisé, sortant de l'ombre d'un arbre. Et il n'était pas seul. Deux autres types patibulaires l'escortaient, un de chaque côté. On aurait dit les Trois Petits Cochons, en plus vieux, plus baraqués, plus affreux, et beaucoup, beaucoup plus effrayants.

– Silvio, a dit calmement Cosmo. Ce n'est pas le moment.

– C'est bien le problème, mon ami. Ce n'est jamais le moment.

– Je suis très pris...

– Je veux mon oseille.

– Et tu l'auras. Je t'ai déjà remboursé trois cents dollars.

– Ça ne paie même pas les intérêts.

– Allez, Sil. Je viens de décrocher un job à plein temps...

– Que se passe-t-il ?

Amanda se dirigeait vers nous.

– Amanda, va m'attendre dans la voiture, a dit Cosmo.

– Qui sont ces gens ?

– C'est juste un petit malentendu.

Silvio a ricané.

– C'est ta copine ? (Il s'est tourné vers elle.) Qu'est-ce qu'une belle fille comme toi peut trouver à un tel petit con ?

Il a tendu le bras vers elle, et Cosmo a brutalement repoussé sa main.

– Ne la touche pas.

Les yeux de Silvio ont étincelé de colère.

– Elle est au courant de tes activités illicites ?

– Tout à fait, a affirmé Amanda.

Elle s'efforçait de sembler calme, mais j'ai perçu un tremblement dans sa voix.

– Et elle reste quand même avec toi. Contrairement à ce que m'ont raconté quelques-unes de tes ex, tu dois être doué au pieu, alors.

Ses copains ont rigolé.

– La ferme, ai-je soudain lancé.

En fait, je voulais juste le penser, mais c'est sorti tout seul.

Silvio et ses sbires ont pivoté vers moi.

– C'est qui, le nabot, Cosmo ? Tu t'es mis aux petits garçons quand tu étais en prison ?

Cosmo a fait un pas vers lui, les poings en avant, mais Sbire n° 1 s'est rapidement déplacé pour le retenir.

– T'es complètement défoncé, a constaté Cosmo en regardant Silvio dans les yeux.

– Va te faire foutre.

– Je vais appeler les flics, ai-je éclaté.

Ce qui, en y repensant, n'était pas la meilleure chose à dire, car Sbire n° 2 a saisi mes deux bras et les a immobilisés dans mon dos.

Non seulement je ne pouvais plus bouger, mais en plus ça faisait mal.

– Lâchez-le, a dit Cosmo. Laissez-le partir, et Amanda aussi. Ils n'appelleront personne.

Silvio a éclaté de rire.

– J'ai essayé de me montrer généreux avec toi, Cosmo. Je t'ai laissé le choix.

– Et je t'ai répondu. Cette période de ma vie, c'est fini.

– Alors tu m'obliges à te montrer que je ne plaisante pas, quand je te dis que je veux mon argent.

Silvio a avancé vers Cosmo.

Tout à coup, Amanda s'est interposée entre eux, ce que j'ai trouvé très courageux.

– Il te doit combien ?

– Deux mille. Avec les intérêts, ça ferait plutôt deux mille cinq cents.

– Je peux te les apporter demain matin à la première heure. Dès l'ouverture de la banque.

– Laisse tomber, Amanda. Je ne te prendrai pas ton argent, a protesté Cosmo.

– Tu me rembourseras. Sans intérêts.

– J'ai environ cent cinquante dollars en pièces de vingt-cinq cents, ai-je ajouté, pensant à mon bocal. J'économise pour mes études, mais tant pis, tu peux prendre ça aussi.

– Non, a insisté Cosmo. Ce n'est pas à vous de me sortir de là.

Soudain, et sans crier gare, Silvio lui a envoyé un grand coup de poing dans le ventre. Cosmo s'est plié en deux. Quand il s'est redressé, Sbire n° 1 l'a frappé au visage. Cosmo a tenté de se défendre, mais il était seul contre deux. Lorsque Silvio lui a redonné un coup dans le ventre, il est tombé sur le trottoir.

Amanda a hurlé. J'ai hurlé. Sbire n° 2, celui qui m'immobilisait, a plaqué une grosse patte velue sur ma bouche. J'ai mordu dedans de toutes mes forces et il a lâché. J'ai réussi à me dépatouiller de lui. J'en ai profité pour bondir sur le dos de Silvio, parce que les coups pleuvaient sur Cosmo, qui gisait toujours à terre.

– Arrête ! Arrête ! j'ai hurlé, tout en lui tapant sur la tête avec ma coupe du MEILLEUR ESPOIR.

Finalement, il s'est redressé et s'est tourné dans tous les sens pour tenter de se débarrasser de moi. Alors que je m'accrochais comme je pouvais, j'ai aperçu Sbire n° 1 qui donnait des coups de pied à Cosmo, tandis qu'Amanda tapait sur le sbire avec son sac à main. Alors Sbire n° 2 m'a attrapé par-derrière et m'a arraché du dos de Silvio. J'ai brutalement touché le sol et mon trophée m'a échappé, atterrissant sur la chaussée.

Levant la tête, j'ai avisé le tuyau d'arrosage enroulé sur le côté de la maison, et j'ai eu une idée. J'ai rampé jusque-là, attrapé le pistolet et ouvert le robinet à fond. Je me suis mis à tous les asperger, en essayant d'éviter Amanda et Cosmo, mais c'était plus facile à dire qu'à faire. Et, pour être tout à fait franc, malgré ma terreur, je me sentais plus vivant que jamais dans toute ma vie.

Un hurlement de sirènes a soudain empli l'atmosphère. Et avant que j'aie le temps de comprendre ce qui se passait, deux voitures de police se sont garées devant nous. Silvio et ses sbires ont tenté de prendre la fuite, mais qu'est-ce qu'ils croyaient ? Les flics nous ont ordonné de tous nous mettre à genoux, les mains derrière la tête, comme dans les films. À part moi et les policiers, tout le monde était trempé. Cosmo était dans un sale état. Un petit groupe de voisins s'était rassemblé sur le trottoir pour observer la scène.

Et nous en étions là lorsque, quelques secondes plus tard, ma mère est arrivée.

25. SINOMTE

moines, osent, toise, minets, minots, tison, mentis, moites

TÉMOINS

– Ambrose ! Oh, mon Dieu, que se passe-t-il ?

Ma mère a bondi de la voiture de Bob en hurlant. Elle m'a enveloppé de ses bras et m'a serré, fort.

– Qu'est-ce qui se passe, ici ? a-t-elle crié à l'un des policiers. Qui sont ces gens ?

Je crois qu'elle n'avait pas reconnu Cosmo, tuméfié et ensanglanté comme il l'était.

– Madame, il va falloir vous calmer, lui a répondu un agent.

– Me calmer ? a-t-elle glapi. *Me calmer ?*

Pendant qu'elle s'époumonait après un des flics, les autres ont menotté Cosmo, Silvio et les gorilles, et les ont poussés à l'arrière des voitures de patrouille. Apparemment, ils se disaient qu'Amanda et moi n'étions pas des criminels endurcis et ne risquions pas de prendre la poudre d'escampette, car une fois ma mère un peu calmée, ils lui ont dit (ainsi qu'à M. Acheson, qui se tenait à présent sur le trottoir, l'air très mal à l'aise) que nous n'avions qu'à rejoindre le commissariat en voiture pour faire notre déposition.

Amanda ne pouvait pas conduire la voiture de Cosmo, parce que ce n'était pas une automatique. C'est donc M. Acheson qui a dû nous emmener. Amanda et moi sommes montés à l'arrière de sa Prius toute neuve, une hybride qui roulait alternativement à l'essence et à l'électricité. J'aurais eu beaucoup de questions à lui poser à ce sujet, mais vu les circonstances je me suis abstenu.

En route, alors que nous suivions les véhicules de police à distance respectueuse, Amanda, qui était encore secouée, s'est mise à parler à maman.

– Madame Bukowski, je ne sais même pas par où commencer. C'est terrible de vous rencontrer dans ces circonstances.

– Et vous êtes... ?

La voix de maman était glaciale.

– Amanda. Amanda Svecova. La présidente du club de Scrabble du West Side.

Ma mère, à l'avant, a hoché la tête.

– Hmm. Intéressant. Le club que j'ai expressément interdit à mon fils de fréquenter.

– Mais... vous avez signé l'autorisation, a commencé à dire Amanda avant de s'arrêter net.

Elle m'a regardé, avec insistance. Je me suis détourné vers ma vitre.

– Jamais de la vie. Et qu'est-ce que c'est que cette organisation ? Il est mineur. Ça ne vous a pas traversé l'esprit de vérifier auprès de moi ?

– Non, a répondu fermement Amanda. J'ai fait confiance à votre fils pour me dire la vérité. (Je sentais toujours son regard se vriller en moi comme la mèche d'une perceuse.) Je croyais pouvoir me fier à lui. Il est clair que je me trompais.

– Quoi qu'il en soit, je ne peux pas imaginer que le jeu de Scrabble ait un rapport avec ce à quoi je viens d'assister. Je ne vois absolument pas ce que vous faisiez tous en compagnie de notre voisin, ce voyou...

– Vous ne parlez sans doute pas de Cosmo, a dit Amanda - mais maman l'a brutalement interrompue.

– Ce n'est pas à vous que je parle. C'est à mon fils.

– Maman, Cosmo n'a rien fait de mal...

Elle a ri, mais on sentait bien qu'elle ne rigolait pas.

– Votre fils dit la vérité cette fois, a insisté Amanda d'une voix légèrement agressive. Cosmo a toujours été un bon ami pour Ambrose. Une figure paternelle...

Houlà.

– Ne comparez jamais ce... ce gibier de potence à une figure paternelle.

Un silence glacial s'est abattu.

Finalement, Amanda a repris la parole, d'une voix pleine de colère.

– Très bien, j'ai un marché à vous proposer. Je ne compare plus Cosmo à une figure paternelle si vous ne le traitez plus de gibier de potence. Il travaille très dur pour remettre sa vie en ordre.

– C'est votre petit ami ? Si oui, je vous plains d'avoir de tels goûts.

J'ai hasardé un regard dans la direction d'Amanda. Visiblement, elle avait envie de se jeter sur ma mère pour lui arracher les deux yeux.

– Comment osez-vous dire une chose pareille !

– Je dis ce que je vois.

– Allons, Irène, un peu de calme, a murmuré Bob.

C'était la première fois de la soirée qu'il ouvrait la bouche.

– Ah, toi, ne t'en mêle pas, l'a mouché ma mère.

Je l'ai un peu plaint, soudain.

Nous sommes arrivés au commissariat. C'était un édifice immense, qui abritait la division principale de la ville de Vancouver. Bob a trouvé une place où se garer dans la rue et nous sommes tous descendus. Amanda était tellement en colère qu'elle en vibrait.

– Je comprends mieux pourquoi votre fils a tant de mal à vous dire la vérité, madame Bukowski. Parce que ça ne changerait rien pour vous, n'est-ce pas ? Vous croiriez toujours exactement ce que vous avez envie de croire. (Elle m'a regardé.) Bonne chance, Ambrose. Je sens que tu vas en avoir besoin.

Et elle s'est dirigée à grands pas vers le poste de police.

Je n'avais jamais mis les pieds dans un commissariat. Tout ce que je connaissais de la police, je l'avais appris en regardant des rediffusions de la série policière *Barney Miller*, quand nous vivions encore à Regina.

La réalité était assez différente. Ce poste-ci était bien plus animé que l'univers de *Barney Miller*, mais grand, propre, l'air efficace et non noyé sous la paperasserie.

Nous nous sommes assis dans une vaste salle d'attente, avec des chaises étriquées, des néons et des magazines miteux. L'endroit était plein de gens de toute sorte. Je crois bien avoir vu une dame qui était en fait un monsieur, mais je ne pourrais pas l'affirmer avec certitude.

Un policier en bel uniforme, dont le badge indiquait SERGENT JAMES, est venu me chercher. Ma mère a tenu à venir avec moi. Il nous a emmenés jusqu'à un petit bureau vitré qui dominait l'ensemble du commissariat. M. Acheson, pour sa part, est resté dans la salle d'attente. J'ai eu l'impression qu'il avait envie de rentrer chez lui et de ne plus jamais entendre parler de nous.

– Tu dis que tu étais sorti avec l'un des individus impliqués dans l'altercation, est-ce exact ? a questionné le sergent James en me regardant.

Il prenait ma déposition et, je dois l'admettre, c'était assez excitant.

– Oui. Cosmo Economopoulos. J'ai passé toute la journée avec lui.

Ma mère a étouffé une exclamation.

– Doux Jésus.

– Où êtes-vous allés ?

– À un tournoi de Scrabble. J'ai gagné six parties sur huit.

– Félicitations ! m'a dit le sergent.

Maman l'a foudroyé du regard.

– Ensuite, on a dîné chez *Milestone's*, sur la Quatrième Avenue Ouest. Délicieux, d'ailleurs. Je recommande chaudement les fettucini Alfredo, si jamais vous allez là-bas. Ils sont sans arachide. (La dernière phrase, je l'avais ajoutée pour maman.)

– Merci pour le tuyau. Et à votre retour, que s'est-il passé ?

– Un ami de Cosmo, enfin un ex-ami, Silvio, l'attendait avec deux gros baraqués.

– Avais-tu déjà vu ce Silvio ?

J'ai hoché la tête. Affirmatif.

– Deux fois.

– *Quoi ?*

Ça, c'était maman.

– Madame Bukowski, je vous en prie. Bon, tu peux me parler de tes autres rencontres avec lui ?

– Eh bien, la première fois, je l'ai entendu réclamer à Cosmo de l'argent qu'il lui devait. Et une autre fois je ne l'ai pas vu, mais quelqu'un avait jeté une brique dans la fenêtre de la maison de Cosmo et nous n'avons pas trop douté que c'était lui. Il faisait passer un message.

Ma mère a réprimé un nouveau cri.

– Tu m'as dit que c'étaient des gamins du voisinage !

– On ne voulait pas vous inquiéter, toi et les Economopoulos.

– « On » ?

Je savais bien que, plus tard, j'allais me retrouver dans la hum-hum jusqu'au cou, seulement voilà : je trouvais assez agréable, en fait, qu'on me pose toutes ces questions. D'être au centre de l'attention. Un peu comme si j'étais l'invité d'un talk-show et que quelqu'un s'intéressait passionnément à tout ce que je pouvais dire. En plus, il était policier et je me sentais le devoir de dire la vérité. Et même si maman était assise juste à côté de moi, c'était plus facile de tout déballer à un agent, les yeux dans les yeux, que cela ne l'avait jamais été avec elle.

– Et ta seconde rencontre avec lui ?

Là, j'ai hésité.

– Il est venu frapper à ma porte un soir, pendant que ma mère était au travail.

– Mon Dieu, mon Dieu, mon Dieu, mon Dieu, a psalmodié maman en se balançant d'avant en arrière sur sa chaise.

– Il t'a menacé ?

– Plus ou moins. Il avait compris que je n'étais pas le neveu de Cosmo.

– Parce que Cosmo te faisait passer pour son neveu, en plus ? a couiné ma mère.

– Non, non, ça, je l'avais inventé pour que Silvio s'en aille la première fois que je l'ai vu, afin que Cosmo me conduise au club de Scrabble. Voyez-vous, ai-je dit au sergent James, il ne voulait pas m'emmener, même s'il était lui-même amateur de ce jeu. J'ai dû le convaincre. Mais là-bas il a rencontré Amanda, qui est en train de faire sa déposition devant votre collègue, je crois, et il en est tombé complètement gaga, si bien que ça n'a plus été un problème de me faire conduire au club.

– Combien de fois es-tu monté dans sa voiture ? a demandé ma mère.

– Je ne sais pas. Dix fois ? Vingt ?

Elle a eu une sorte de gémissement et s'est renfoncée dans sa chaise.

– Donc, ce Silvio t'a menacé, a dit le sergent, qui tentait de revenir à nos moutons.

– Plus ou moins. Ce n'est pas tellement ce qu'il a dit, c'est surtout la manière dont il l'a dit. Il m'a dit de dire à Cosmo de lui payer ce qu'il lui devait, sinon...

– Donc, Cosmo doit de l'argent à Silvio.

– Voilà. Vous comprenez, Silvio et Cosmo travaillaient ensemble à l'époque où Cosmo était un drogué et un voleur. Ils étaient amis. Et Silvio a prêté de l'argent à Cosmo - deux mille dollars -, mais Cosmo n'a pas eu le temps de le rembourser, parce qu'il s'est pris les pieds dans un labraniche et s'est fait arrêter, mais lorsqu'il est sorti de prison, Silvio voulait toujours son argent, alors que Cosmo avait payé pour lui, d'une certaine manière, car Silvio aussi était censé faire le casse chez le labraniche. Mais Cosmo n'avait pas l'argent, bien sûr, vu qu'il sortait de prison et qu'en plus, au début, il était paresseux. Mais après il a trouvé du travail, seulement on ne lui en donnait pas beaucoup, alors il ne gagnait pas grand-chose, donc il essayait de rembourser Silvio petit à petit, mais Silvio a trouvé que ça n'allait pas assez vite.

Maman s'est pris la tête à deux mains.

– Notez que Cosmo pourrait trouver l'argent s'il le voulait, j'en suis sûr. Il aurait pu l'emprunter à ses parents, ou à Amanda. Elle a même proposé de le lui avancer ce soir, en fait, et moi, j'ai offert ma collection de pièces de vingt-cinq cents, que j'économise pour mes études.

– Tu n'as pas fait ça ! a soufflé ma mère, la tête toujours entre les mains.

– Non, parce que Cosmo n'a pas voulu. Et il n'a pas voulu laisser Amanda l'aider, non plus. C'est ça, le truc. Il a le sens de l'honneur...

Maman a eu un rire ironique.

– Le sens de l'honneur ? Tu trouves ça « honorable » de faire ami-ami avec un garçon de douze ans, peut-être ?

– Maman, ce n'est pas un pervers.

Elle s'est tournée vers le sergent James.

– Je veux que vous arrêtiez cet homme pour... pour détournement de mineur... pour les horreurs qu'il a dans sa tête de malade...

– Maman !

Elle a pivoté vers moi.

– Est-ce qu'il t'a touché ? Il t'a dit des choses ? Il t'a pris en photo ?

– Maman, arrête ! C'est un type bien. C'est mon meilleur ami.

Elle a imploré le sergent James du regard.

– Aidez-moi, je vous en supplie.

Le policier a haussé les épaules.

– Rien, dans ce que dit ce garçon, ne porte à croire... (Là, elle lui a fait les plus gros yeux du monde.) Mais si vous y tenez, je peux lui poser quelques questions de routine.

– Vous ne pouvez pas faire ça ! ai-je lancé d'une voix de plus en plus aiguë. C'est insultant. Pourquoi est-ce que tu ne veux pas me croire, maman ? Pourquoi tu ne crois pas un mot de ce que je dis ?

Elle a tourné ses gros yeux vers moi.

– Tu me demandes pourquoi ? Tu as le toupet de me poser cette question, après tout ce que tu viens de raconter ?

Là, elle n'avait pas tout à fait tort.

– Je crois que c'est tout pour le moment, a conclu le sergent James en se levant pour indiquer que l'entretien était terminé. J'aurai peut-être d'autres questions à te poser plus tard, Ambrose, mais pour l'instant tu peux y aller.

– Et Cosmo ?

– Il passera la nuit en cellule.

– Mais ce n'est pas sa faute...

– C'est la routine.

– Est-ce qu'il pourra voir un médecin ? Ces types lui ont vraiment fait très mal.

– Ne t'inquiète pas. On s'occupe de lui.

– Partons, Ambrose, a dit maman.

– S'il vous plaît, ne le condamnez pas. Il fait tout ce qu'il peut pour retrouver une vie normale.

– *Tout de suite*, a insisté maman d'une voix ferme.

Elle s'est avancée vers Bob, lequel était coincé entre deux dames qui ressemblaient beaucoup à des prostituées, si vous voulez mon avis. Amanda, elle, n'était pas là.

En partant, il m'a semblé voir le sergent me faire un petit signe compréhensif de la main.

Bob nous a déposés, et il est reparti sans traîner. Maman n'avait pas été très sympa avec lui sur le chemin du retour, disant des choses du genre : « Ne fourre pas ton nez dans les affaires des autres. » Une fois, même, elle lui a dit : « La ferme, Bob », alors que chez nous « la ferme » était strictement interdit.

L'Escort des Economopoulos était garée devant la maison. À notre approche, ils se sont hâtés de sortir de chez eux, encore habillés comme pour sortir.

– Cosmo vient d'appeler. Il est au poste de police.

– Je sais, ai-je répondu, on en revient. J'ai tout vu.

Les yeux de Mme E se sont agrandis.

– Est-ce que tu vas bien ?

– Non, il ne va pas bien, a dit froidement ma mère.

– Si, je vais bien.

– Votre fils a une influence désastreuse sur Ambrose.

– Pas du tout, ai-je protesté.

– Ambrose, tu rentres. Tout de suite.

Elle m'a attrapé par le bras et a commencé à me tirer vers la maison.

– Nous allons voir Cosmo maintenant, a dit M. E.

– Mon bébé ! a ajouté sa femme en se tamponnant les yeux avec un mouchoir.

– Bébé, mon c..., a grommelé maman, ce qui, même dans ces circonstances, était inutilement malpoli.

– Rien n'est sa faute ! ai-je crié tandis que les Economopoulos montaient en voiture et reculaient dans l'allée.

Et c'est là que je l'ai vu.

Mon trophée du MEILLEUR ESPOIR, gisant au sol là où venait de rouler le pneu avant gauche de l'Escort. La petite coupe était brisée en mille morceaux.

– Qu'est-ce que c'est que ça ? a fait ma mère.

– Rien du tout.

J'ai ramassé les morceaux et je les ai jetés dans les buissons.

26. E R E E B L L

brêle, réelle, bêler, elle, blé, belle, réel, béer

REBELLE

En rentrant chez nous, maman m'a demandé de tout lui raconter depuis le début. Comme j'avais avoué le pire au commissariat, je me suis dit qu'en effet autant cracher le morceau à cent pour cent. Je lui ai donc tout révélé de A à Z. D'un côté, c'était agréable de me libérer de tout cela, parce que je n'avais pas l'habitude de lui dissimuler tant de choses. D'un autre côté, je n'étais pas bête au point de croire que mon honnêteté à retardement allait tout arranger d'un coup.

Lorsque je suis arrivé au bout de mon récit, elle est restée muette un long moment.

– Je n'en reviens toujours pas que tu m'aies menti comme ça. À répétition, en plus.

Je ne savais pas quoi dire. « Pardon » me semblait un peu faible.

– Tu ne mentais jamais, avant. On se disait tout. C'est quand on a déménagé à Vancouver que, je ne sais pourquoi, tout a changé.

Elle semblait se parler à elle-même plus qu'à moi. Je n'ai pas pu retenir un énorme bâillement ; il était une heure du matin et la journée avait été longue.

– Tu es épuisé. On en reparlera demain matin.

Elle s'est levée et m'a tendu sa main pour m'aider à me lever.

Je suis allé me coucher, allongé sous mon couvre-lit Buzz l'Éclair, les yeux levés vers les étoiles phosphorescentes au plafond.

Puis je me suis tourné vers la photo de mon père.

– Désolé si je t'ai déçu, lui ai-je chuchoté.

Je savais que je ne trouverais pas le sommeil.

Pourtant, j'ai soudain constaté que le soleil entrait à flots par mon soupirail et que mon réveil indiquait onze heures. J'avais dormi comme une bûche, dix heures d'affilée.

Lorsque je suis entré au salon, maman n'y était pas. J'ai jeté un œil dans sa chambre, elle n'y était pas non plus. Envahi par la panique, j'ai bêlé : « Maman ? », comme un mioche de cinq ans. D'ailleurs, c'est aussi ce à quoi je ressemblais, dans mon pyjama à fusées trop petit qui avait un trou du côté des vous-savez-quoi.

Elle est enfin arrivée, par la porte de devant. Le soulagement m'a submergé, mais seulement pour un instant, car ensuite j'ai vu son air.

– Tu es levé, a-t-elle constaté.

– Tu es allée faire des courses ?

Elle a secoué négativement la tête.

– J'étais en haut, en train de parler avec les Economopoulos.

– De quoi ? Cosmo va bien ? Il est rentré ?

Elle s'est mise à ranger des choses qui n'en avaient aucun besoin : déplacer un coussin de cinq centimètres, soulever une plante et la remettre au même endroit.

– Je ne sais pas où est Cosmo ni comment il va, et je m'en fiche royalement. Je suis allée leur donner notre congé.

Mon cœur est tombé en chute libre. Je savais ce que signifiait « donner son congé », parce que nous l'avions déjà fait de nombreuses fois : à Calgary, Edmonton, Regina, Kelowna. Cela signifiait que nous partions.

– Où on va ?

– J'ai passé des coups de fil. Apparemment, ils ont besoin d'un chargé de cours en littérature anglaise à l'université du Manitoba, à Winnipeg.

– Winnipeg ?

– Va savoir, peut-être que cette fois j'aurai de la chance et que je décrocherai un poste à plein temps.

Elle semblait presque avoir de l'espoir.

– Mais pourquoi ?

– Je m'étonne que tu me poses la question.

– Et Bob ? Je croyais qu'il te plaisait.

Elle a haussé les épaules.

– Ton bien-être compte bien plus pour moi que n'importe quel homme.

– Maman, je t'en supplie. Mon bien-être va mieux que jamais. Et je suis désolé de t'avoir menti, sincèrement, mais je ne veux pas qu'on déménage encore...

– Ce que tu voudrais n'est pas envisageable, Ambrose. Il est clair qu'on ne peut pas te faire confiance pour prendre des décisions raisonnables par toi-même, je dois donc les prendre pour nous deux.

– Mais j'ai des amis, ici. De vrais amis. Pas simplement Cosmo et Amanda, mais aussi tous les gens du club de Scrabble.

– Ambrose, ces gens ne sont pas tes amis. J'ai vu, un jour, un documentaire sur les gens qui fréquentent les clubs de Scrabble. La plupart de temps, ce n'est qu'un ramassis d'asociaux.

– Tu ne les connais même pas ! Et ça ne t'a jamais traversé l'esprit que moi aussi, je suis un asocial ?

– Ne te rabaisse pas comme ça.

– Et qu'à chaque déménagement, quand je dois tout reprendre de zéro, je m'intègre chaque fois un peu moins ? Et que cette fois, enfin, j'ai rencontré quelques personnes qui m'acceptent comme je suis, et que je me fiche qu'ils soient plus vieux que moi ou je ne sais quoi...

– Eh bien moi, je ne m'en fiche pas.

Là, je me suis mis à crier.

– Tu sais ce que je crois ? Je crois que tu préfères que je n'aie pas d'amis, parce que comme ça je n'ai que toi, et on est tous les deux contre le monde entier. Et c'est peut-être pour ça que tu veux repartir, parce que je suis enfin heureux, maman, je suis heureux ! Mais tu préfères sans doute que je sois malheureux, comme toi. Alors non, on va encore déménager, et dans vingt ans je serai un raté total qui vivra encore chez sa mère, mais c'est peut-être ce que tu veux. Parce que c'est le seul moyen, pour toi, de garder un peu de papa auprès de toi.

À présent, des larmes roulaient sur mes joues et je devais être parfaitement ridicule dans mon pyjama à fusées dont dépassait un testicule, mais je n'étais plus à ça près. Et puis j'ai vu que ma mère pleurait aussi.

– C'est affreux, ce que tu viens de dire.

Ça l'était peut-être, mais je n'avais pas pu me taire. Les mots étaient sortis comme un torrent, des mots qui étaient là, cachés, depuis très, très longtemps.

– Je crois que tu t'es habituée à être malheureuse, que c'est plus simple pour toi de rester comme ça. C'est plus simple de ne faire confiance à personne, de rester entre soi et de boire trop de vin tout le temps. Et je plains papa, parce que ça doit lui faire de la peine de voir comme tu es devenue aigrie.

Là, elle m'a donné une gifle. Une grosse.

J'ai failli partir en courant pour prendre la porte, mais même si j'étais plus bouleversé que jamais dans toute ma vie, il me restait assez de bon sens pour me rappeler que a) j'étais en pyjama, et b) une de mes coucougnettes était visible. J'ai donc préféré courir dans ma chambre, ce qui était moins spectaculaire, vu que je n'ai pas de porte. Allez claquer un rideau de perles !

J'ai attendu que maman vienne s'excuser pour la gifle, parce que jamais, jamais elle n'avait levé la main sur moi. Mais au lieu de cela, j'ai entendu la porte d'entrée s'ouvrir et se refermer.

Au bout de quelques minutes, je suis retourné dans le salon. Elle m'avait laissé un mot : « Sortie m'éclaircir les idées. Je reviens dans une heure. » Elle avait tracé un XO en bas, car nous nous étions juré, des années plus tôt, de ne jamais nous quitter fâchés.

J'ai observé fixement le mot. Puis je suis retourné dans ma chambre pour enfiler mon pantalon en velours violet et un tee-shirt. J'ai cherché partout mon sac à dos d'école, j'ai fini par mettre la main dessus, et j'y ai fourré deux caleçons, une paire de chaussettes, un tee-shirt, un coupe-vent imperméable et *Sang d'encre*. J'ai tenté de faire entrer aussi le pull de papa, mais comme il ne tenait pas dans le sac, je l'ai noué autour de ma taille.

Ensuite, je suis allé à la cuisine et j'ai utilisé presque toute une miche de pain d'épeautre pour me faire des sandwiches au fromage. J'ai rempli une grande bouteille d'eau et l'ai glissée dans la poche étudiée pour, sur le côté du sac à dos. Mon auto-injecteur est allé dans l'autre poche. J'ai trouvé un vieux duvet dans le placard. Il n'entrait pas non plus dans le sac, bien sûr. Je l'ai mis dans un cabas à provisions en toile.

J'étais sur le point de partir, lorsque j'ai encore pensé à trois choses.

J'ai pris notre jeu de Scrabble sur l'étagère et l'ai mis dans le cabas avec le sac de couchage. Puis je suis retourné dans ma chambre et j'ai sorti ma collection de pièces de sous mon lit. J'en ai versé le plus possible dans la poche intérieure cachée du sac à dos. Et enfin j'ai pris la photo de papa sur ma table de chevet et je l'ai logée avec douceur entre le duvet et le jeu de Scrabble.

Pour finir, j'ai noué les lacets de mes Ike et je suis sorti, fermant à clé derrière moi.

J'ai laissé tomber mes deux sacs derrière l'arbre où Silvio s'était caché la veille au soir, et j'ai frappé à la porte des Economopoulos. C'est Mme E qui est venue ouvrir. Elle avait pleuré. Je me suis plus ou moins pendu à son cou et elle m'a serré longuement dans ses bras.

– Oh, Ambrose, a-t-elle dit, tu vas tellement me manquer !

– Vous aussi.

Toujours serré contre elle, j'ai versé une petite larme, et puis je lui ai demandé si Cosmo était rentré.

– Pas encore. Il avait l'air d'aller bien, mais je m'inquiète pour lui.

– Ne vous en faites pas, tout va s'arranger. Il n'a rien fait de mal.

Elle a hoché la tête et s'est mouchée avec un bruit de trompette.

– Mais parfois, quand quelqu'un a fait des bêtises avant... la police pense qu'il va recommencer.

– Oui, mais là, il y a des témoins. Amanda et moi.

Mme E a reniflé.

– Elle m'a appelée ce matin. Quelle gentille fille... Et toi, quel gentil garçon tu fais !

Je lui ai dit « à plus tard » et j'ai repris mes sacs dans leur cachette. Je me suis rendu à pied à l'arrêt de bus, à l'angle de Bayswater Street et de la Quatrième Avenue Ouest, devant *Milestone's*, et quelques minutes plus tard je montais dans le bus n° 4.

Je ne savais pas où j'allais. Je ne savais pas ce que je faisais. Tout ce que je savais, c'est que je ne déménagerais plus. Si maman voulait vraiment partir, ce serait sans moi.

27. U U R G E F U

féru, grue, fer, urge, guru, feu, gué, rue

FUGUEUR

Ce n'était pas facile de trouver où aller. On ne pouvait pas dire que j'avais une foule d'amis chez qui débouler. Cosmo était toujours au trou. Amanda m'en voulait peut-être encore, et même si ce n'était pas le cas, elle se sentirait sans doute obligée d'appeler ma mère. J'ignorais où vivaient Mohammed et Joan, et de toute manière je ne pouvais pas leur demander de cacher un fugueur.

Il fallait voir les choses en face. Si je voulais continuer jusqu'au bout, je devrais le faire seul.

En tout cas, je savais déjà que je ne voulais pas me retrouver dans le centre-ville, avec les autres jeunes à la dérive qui traînaient sur Granville Street. Je les avais vus en passant par là avec ma mère : c'étaient des durs, toujours en bande, avec des chiens, des piercings, des tatouages. Avec mon slip Superman et ma boîte de Scrabble, je voyais mal comment j'aurais pu m'intégrer parmi eux.

J'aurais pu prendre un car pour une autre grande ville de Colombie-Britannique, ou pour me rendre chez Mamie Ruth, à Calgary, mais c'était tout le contraire de mon projet, qui était justement de rester à Vancouver.

Alors j'ai eu une idée, et plutôt bonne, en plus. J'ai sauté du bus après six arrêts seulement.

Voilà ce que j'allais faire : vivre sur une île.

Granville Island.

À un quart d'heure en bus de chez moi.

28. N T O I U S L O

outils, lions, lotis, lotions, tuilons, lutins, îlots, tonus, loto, lotus, nuits

SOLUTION

Comme il n'était que treize heures lorsque j'ai débarqué sur Granville Island, en partant à pied de l'arrêt de bus et en prenant la passerelle pour piétons du pont de Granville Street, il me restait beaucoup de temps à tuer. Coup de bol, il faisait un temps superbe. J'ai donc passé deux heures sur un banc, près de l'eau, à manger deux de mes sandwiches au fromage, à lire mon bouquin et à somnoler au soleil. Ensuite, j'ai pioché dans mes pièces pour payer l'entrée au musée du Train électrique. Je n'y étais allé qu'une fois, mais c'était un endroit génial, surtout le train en fonctionnement, installé avec tout son décor dans une grande salle à part. L'homme qui faisait visiter ne s'est pas formalisé que je reste longtemps, et il m'a tout expliqué sur les maquettes de bateaux et d'avions qu'il exposait également.

J'ai passé le reste de mon après-midi et de ma soirée à regarder les artistes de rue, notamment un avaleur de sabres et un excellent magicien qui m'a choisi comme assistant pour un de ses tours. C'était agréable de se mêler à la foule des locaux et des touristes qui profitaient de ce beau dimanche, même si, pour être honnête, mes affaires commençaient à peser lourd, surtout les pièces.

Comme on était à la mi-mai, la nuit tombait tard, vers vingt-deux heures. Mais lorsqu'elle tombait, alors là, l'atmosphère de l'île changeait radicalement. Cela ne donnait pas l'impression d'être particulièrement dangereux ; c'est plutôt que... on se sentait seul, même s'il y avait encore du monde dans les restaurants et devant les cinémas.

À minuit, les rues étaient vides, et j'ai de nouveau éprouvé ce sentiment écrasant de n'être qu'une poussière dans l'univers. Ce n'était pas affreux, ni déprimant, mais juste... je ne sais pas... profond et vrai, je pense, ce qui me rendait assez mélancolique. Je me suis assis au bord de l'eau pour regarder toutes les lumières qui brillaient aux fenêtres, là-bas, dans le centre-ville. J'ai songé à tous ces gens vivant leur vie dans ces immeubles, et j'ai pensé à ma mère, qui, en ce moment, devait être folle d'inquiétude. Je me suis levé, j'ai trouvé une cabine téléphonique près de l'office du tourisme, et j'ai utilisé une de mes pièces pour appeler à la maison.

Elle a décroché avant la fin de la première sonnerie.

– Ambrose ?

J'entendais de la peur dans sa voix.

– Salut, m'man.

– Oh, Dieu merci, Ambrose, où es-tu ?

– Je ne peux pas te le dire.

– C'est quelqu'un qui t'oblige à dire ça ? Réponds juste par oui ou par non.

– Je suis tout seul, maman.

– Alors je viens te chercher. On pourra parl...

J'ai raccroché, vous pensez bien : j'avais vu suffisamment de films pour savoir que la police localiserait mon appel si je restais trop longtemps en ligne. Je suis ensuite allé me balader du côté du parc aquatique, qui n'était pas encore ouvert pour la saison d'été. J'ai envisagé de sortir mon sac de couchage et de camper dans les buissons, mais ceux-ci étaient déjà occupés par une bande de SDF. Ils installaient un campement avec leurs chariots de supermarché, non loin de moi, et même s'ils étaient probablement inoffensifs – comme le père Paul près de chez nous –, je n'ai pas eu envie de m'attarder pour vérifier.

J'ai donc traversé toute l'île jusqu'au bout, jusqu'au Granville Island Hotel. C'était un joli bâtiment, et si je pouvais avoir la chance de dormir à l'hôtel dans ma propre ville, c'était celui-là que je voulais tant il semblait agréable, tranquille, à l'écart de l'agitation urbaine. Le portier était occupé à accompagner des gens jusqu'à leur voiture : j'en ai profité pour me faufiler à l'intérieur. Il y avait des toilettes au fond d'un couloir, et je me suis glissé dans celles des hommes avec mes affaires.

Il y faisait bien chaud, ça ne sentait pas très bon - un mélange de détergent et d'urine. Je me suis enfermé dans une cabine, j'ai baissé le couvercle des toilettes et j'ai fait de mon mieux pour trouver une position confortable, ouvrant mon sac de couchage pour m'en faire une couverture. J'ai sorti la photo encadrée de mon père et je l'ai posée sur la chasse d'eau.

– J'aimerais bien savoir ce que maman t'avait dit pour te faire rire comme ça, lui ai-je confié en regardant son visage souriant.

Puis j'ai fermé les yeux et je me suis efforcé de ne pas avoir trop peur en m'installant pour la nuit.

Dormir sur un siège de toilettes est une expérience que je ne recommanderais à personne. Toute la nuit, j'ai oscillé entre la veille et le sommeil - surtout la veille, à vrai dire -, et j'avais mal partout. Vers six heures, la porte des W.-C. s'est ouverte à grand fracas. Depuis ma cabine, j'ai vu passer un chariot et des chaussons. La femme de ménage fredonnait distraitement. Je me suis penché pour mieux voir sous ma porte : c'était une grosse femme à l'air gentil, un iPod sur les oreilles. Elle n'a pas semblé remarquer que la cabine du fond était occupée. Lorsqu'elle est entrée dans la première pour récurer les toilettes, j'ai bondi et je suis sorti en courant, serrant dans mes bras le sac à dos, le cabas et la photo de mon père, mon duvet se soulevant de mes épaules comme une cape de super-héros. J'ai quitté l'hôtel à fond de train, presque sûr que personne ne m'avait vu partir.

Jusqu'ici, tout va bien : ma nouvelle vie de fugitif se passait comme sur des roulettes.

J'ai mangé encore deux sandwiches au fromage et rempli ma bouteille d'eau à la fontaine du parc, après quoi, à six heures cinquante, j'ai retrouvé la cabine d'où j'avais appelé ma mère. Mais cette fois ce sont les Economopoulos que j'ai appelés.

– Ambrose ? Ta maman, elle est malade d'inquiétude, m'a dit Mme E en décrochant.

– Cosmo est rentré ?

Soudain, c'est lui qui m'a parlé.

– Ambrose, petit crétin, t'es où ?

– Tu as été condamné ?

– Non, ils m'ont laissé sortir avec un avertissement.

– Et Silvio ?

– Il était déjà recherché. Ils le gardent au chaud jusqu'à ce que la date de son procès soit fixée.

– Tant mieux.

– Bon, tu vas me dire où tu es ?

– Je ne peux pas.

– Ta mère devient folle.

– Je ne veux pas déménager.

– Je sais.

– Il faut que je raccroche, pour qu'on ne localise pas mon appel.

– Ambrose, tu regardes trop la télé...

J'ai raccroché.

Je suis allé me promener au marché couvert, qui montrait déjà des signes de vie, même s'il n'était que sept heures. Les commerçants installaient leurs étals, des camions livraient du poisson, et je flairais une bonne odeur de pain et de gâteaux en train de cuire. Cela m'a de nouveau donné une faim de loup et je me suis assis au bord de l'eau pour manger mon avant-dernier sandwich.

Lors de l'ouverture officielle du marché, à onze heures, je me suis enfermé dans les toilettes publiques et j'ai soigneusement compté cinq dollars en pièces de vingt-cinq cents, que j'ai mis dans ma poche. Puis je me suis rendu dans une boulangerie et, après avoir fait jurer au boulanger qu'il n'y avait pas une trace d'arachide où que ce soit, j'ai acheté un énorme muffin aux myrtilles et un cookie aux pépites de chocolat tout aussi énorme, puisque ma mère n'était pas là pour me l'interdire. J'ai empoché ma monnaie et je suis sorti avec mes victuailles.

Tout en mangeant, j'ai passé en revue les choix qui s'offraient à moi. Il ne me restait qu'une cinquantaine de dollars en petites pièces, et je savais que je ne tiendrais pas longtemps là-dessus, même en ne m'en servant que pour manger. J'ai pensé à voler, mais ce n'est tout simplement pas mon style, et en plus je risquais de me faire arrêter. J'ai songé à faire les poubelles, mais c'était vraiment trop dégoûtant, et avec mon allergie, cela pouvait aussi se révéler mortel.

Puisque je ne pouvais ni voler ni fouiller dans les ordures, j'ai conclu qu'il ne me restait qu'une possibilité. Il fallait que je gagne de l'argent, et donc que je trouve du travail.

Je suis retourné au marché demander à quelques commerçants s'ils avaient besoin d'aide, mais soit ils m'ont ri au nez, soit ils ne m'ont même pas répondu. L'un d'eux nous a regardés d'un air soupçonneux, mon sac à dos, mon cabas et moi.

– Où sont tes parents ? m'a-t-il demandé.

– Ils font leurs courses. Tenez, les voilà !

J'ai désigné un couple qui déambulait non loin de là et j'ai fait semblant de le rejoindre avant de m'en aller.

J'étais dans une impasse. Si je ne trouvais pas de travail, comment gagner de l'argent ?

Alors j'ai baissé les yeux et, par hasard, mon regard s'est posé sur mon jeu de Scrabble, qui dépassait du cabas.

Et c'est là qu'une ampoule s'est allumée au-dessus de ma tête. Je venais d'avoir - si je peux me permettre - une idée totalement brillante.

29. T A T A E R P

patate, tâter, épata, rapt, apte, pâté, tarte, taper, aparté

ATTRAPÉ

À onze heures, le marché couvert de Granville bourdonnait d'activité, même pour un lundi. Derrière la grande halle, au bord de l'eau, un magicien s'était installé à côté d'une des entrées, et un joueur de crincrin à côté d'une autre. Des attroupements se formaient autour d'eux.

J'ai choisi un banc situé pile entre le magicien et le violoniste pour y installer mon plateau de Scrabble. Ensuite, j'ai sorti le panneau que j'avais fabriqué avec un bout de carton trouvé dans une benne de recyclage. PARTIES DE SCRABBLE, CINQ DOLLARS, y avais-je écrit. SI VOUS ME BATTEZ, JE VOUS RENDS VOTRE MISE !

Comme je n'avais rien pour accrocher ma pancarte, je l'ai tenue au-dessus de ma tête. Beaucoup de gens ont ri en passant devant moi, mais pas méchamment. Au bout d'une demi-heure, alors que je commençais à avoir mal aux bras, un monsieur pas tout jeune - la cinquantaine, je dirais -, coiffé d'une casquette de marin, s'est arrêté. Il était accompagné d'une jeune fille.

– Alors comme ça tu crois pouvoir battre un vieux pro comme moi ? m'a-t-il demandé.

– Oui !

– C'est ce que nous allons voir, pas vrai, Ashley ? a-t-il dit à la fille en lui tendant un billet de cinq. Garde l'argent pour l'instant, au cas où ce lilliputien essaierait de nous arnaquer.

Nous avons fait une partie. Des passants se sont arrêtés pour regarder, surtout lorsqu'il est devenu évident que je ne faisais qu'une bouchée de mon adversaire. Il avait une veine sur le front, je vous jure que je l'ai vue battre lorsque j'ai fait deux bingos de suite, que je lui ai bloqué de bons emplacements pour faire des points, et que j'ai composé des mots multiples en un seul coup.

J'ai gagné, 320 à 252.

– La chance du débutant, a-t-il grommelé.

Sur quoi il s'est levé et a commencé à s'éloigner.

– Votre fille doit me donner mes cinq dollars, lui ai-je rappelé.

J'ai cru que sa veine allait exploser.

– C'est pas ma fille, a-t-il craché. C'est ma copine.

Ashley, donc, m'a tendu mon billet, il l'a prise par le bras, et ils ont filé en vitesse. Quelques témoins de la scène ont rigolé, et deux ou trois m'ont glissé des pièces jaunes dans la main.

Alors quelqu'un a dit : « Eh, mais je te reconnais, toi ! Le meilleur espoir ! » C'était Sandy, la serveuse de *Milestone's*, avec des amis. Peut-être parce qu'elle ne travaillait pas et ne recherchait donc pas les pourboires, elle portait un vêtement ample qui dissimulait sa belle poitrine. Mais c'était quand même un plaisir de la voir, et elle m'a donné cinq dollars sans même faire une partie. Plus important, elle ne m'a pas demandé avec qui j'étais ni pourquoi je trimballais un tel barda.

Mes affaires n'étaient pas franchement florissantes, mais à trois heures j'avais tout de même joué trois parties, toutes gagnées sans problème. Je me trouvais à la tête de plus de vingt dollars (en comptant les cinq de Sandy). J'étais en train de compter ma fortune, et de me dire que ma nouvelle existence de SDF ne serait pas difficile à financer, lorsqu'un policier s'est approché de moi.

– Ça marche bien, dis-moi, ta petite combine.

– Merci.

– Tu as une licence ?

– Pour quoi faire ?

– Pour faire du commerce ici.

– Ce n'est pas du commerce, c'est un jeu.

– Tous les amuseurs que tu vois là, ce magicien, ce joueur de violon : ils ont dû demander une licence municipale pour avoir le droit de se produire en public.

– Mais je ne me produis pas.

– Non... mais se produire sans licence est un délit moins grave que proposer des jeux d'argent, ce que tu es en train de faire.

– Ce n'est qu'un jeu !

– Un jeu pour de l'argent.

J'ai rapidement fourré mon bénéfice dans ma poche.

– Écoute, je ne vais pas m'acharner sur toi, mais je vais simplement te demander de ramasser tes affaires et de partir, a-t-il repris.

J'ai compris que ce n'était pas la peine de discuter.

– D'accord.

– Tes parents savent ce que tu fais ?

– Oui.

– Eh bien, ils ont un fils très entreprenant, a-t-il conclu en riant.

J'ai rangé ma boîte de Scrabble et je lui ai serré la main.

Ensuite, j'ai traversé tout le marché, rejoint un petit parc situé devant un grand immeuble, installé mon jeu, et brandi ma pancarte sur un autre banc.

Le même policier m'a retrouvé moins d'une demi-heure plus tard. J'étais en pleine partie avec un gros baraqué bâti comme un champion de lutte professionnel. Cette fois, le flic s'est montré moins aimable.

– O.K., le gosse. Tu viens avec moi.

J'ai donc de nouveau remballé mes affaires. Et même si c'était évident que je l'aurais battu à plate couture, le lutteur pro ne m'a pas donné mes cinq dollars.

Le policier m'a escorté jusqu'à un petit bureau situé non loin de l'office du tourisme. Mais ma résolution était ferme : il pourrait bien utiliser toutes les techniques d'interrogatoire possibles, je ne craquerais pas. Il pourrait me frapper, me menacer, me priver de sommeil ou avoir recours au supplice chinois de la goutte d'eau, ce serait peine perdue. Autant faire pipi dans un violon.

Ma ferme résolution a tenu environ cinq secondes.

– Le numéro de téléphone de tes parents ? m'a-t-il demandé.

Et je le lui ai donné.

Enfin, je le lui ai plus ou moins donné. Pour être précis, disons qu'il a appelé le numéro que je lui ai donné, et quand on a décroché à l'autre bout, il a dit :

– Cosmo Economopoulos ? J'ai votre fils Ambrose avec moi.

Une minute plus tard, il a raccroché.

– C'est bon, ton père arrive, m'a-t-il informé.

Une demi-heure plus tard, Cosmo était là. Son visage était encore plus tuméfié que la dernière fois que je l'avais vu, car les hématomes avaient eu le temps d'enfler. Sa lèvre avait triplé de volume et il avait un œil au beurre noir.

– Ambrose. (Il m'a serré dans ses bras.) On était malades d'inquiétude.

Là, il a vu que le flic observait attentivement ses blessures.

– Un accident de pêche, a-t-il expliqué. C'est le poisson qui a gagné.

Le flic nous a laissés partir après m'avoir fermement recommandé de ne plus jamais sortir mon jeu de Scrabble sur Granville Island.

– Un accident de pêche ? j'ai dit, une fois dans le parking.

– C'est la première chose qui me soit passée par la tête.

– Merci d'être venu me chercher.

– Je ne vais pas te mentir, Ambrose. Ta mère nous attend dans la voiture.

Je me suis arrêté net.

– Pourquoi tu as fait ça ?

– Elle était chez nous quand tu as appelé. Elle est hors d'elle.

– Eh bien, merci pour rien. À plus.

J'ai fait demi-tour et commencé à prendre le large, mais il m'a rattrapé par le bras.

– Ambrose.

Les larmes me sont montées aux yeux, contre ma volonté.

– Je ne veux plus déménager.

– Je le sais. Ta maman aussi le sait. Je crois qu'elle est prête à t'écouter, maintenant.

Alors je suis reparti avec lui. Lorsque nous sommes arrivés près de sa voiture, maman a surgi de l'habitacle. Elle m'a quasiment étouffé dans ses bras. Elle avait les paupières rouges et gonflées.

– Dieu merci, tu n'as rien.

Elle m'a bombardé de questions : elle voulait savoir où j'avais dormi, ce que j'avais mangé, si quelqu'un avait tenté de me faire du mal.

– Maman.

Là, elle s'est tue.

– Je ne rentrerai qu'à une condition.

– Laquelle ?

– Que tu acceptes de dîner avec les Economopoulos ce soir. Et que tu veuilles bien écouter ce qu'on a tous à te dire, en gardant l'esprit ouvert.

Bon, d'accord, ça faisait trois conditions.

Ma mère a ouvert la bouche pour répondre, mais à ce moment-là il s'est passé quelque chose de marrant. Cosmo a posé doucement une main sur son bras. Elle a pivoté vers lui. Puis elle s'est retournée vers moi.

– D'accord. J'accepte. Et maintenant, je t'en prie, rentrons chez nous.

Ce que j'ai trouvé assez ironique, parce que c'était ce que je voulais depuis le début : rentrer dans une maison que je puisse *vraiment* appeler « chez nous ».

30. TNEENET

tétée, néné, tee, net, étêté, entêté, tête, et

ENTENTE

Le ciel est différent, ici. Plus bleu, plus vaste. Je le contemple, sur l'autoroute avec ma mère, dans une voiture de location.

Aujourd'hui, le 19 juillet, j'ai treize ans. Il y a deux mois presque jour pour jour, j'ai fait une fugue à Granville Island. Nous avons dîné chez les Economopoulos ce soir-là, et M. et Mme E ainsi qu'Amanda nous attendaient tous là-bas, Cosmo, maman et moi. Ils m'ont écrasé entre leurs bras chacun à son tour. Lorsque nous avons enfin arrêté les embrassades, j'étais tout meurtri et fatigué, mais je me sentais bien.

Le dîner était délicieux. Mme E avait mis les petits plats dans les grands, et je me suis gavé d'agneau, de tzatziki, de dolmades, de salade et de patates sautées au citron. Et, bien sûr, des célèbres baklava sans arachide de la mère de Cosmo.

La conversation aussi valait le coup. Elle a eu des hauts et des bas, mais ma mère a réellement écouté ce que j'avais à lui dire. Je lui ai répété que j'étais très heureux à Vancouver et dans cet appartement. Je lui ai dit à quel point j'aimais les Economopoulos, le club de Scrabble et surtout Cosmo, qui m'avait appris des choses utiles pour moi, que ça lui plaise ou non.

– Il m'a appris à me défendre, par exemple. Et à avoir davantage confiance en moi, même si je ne me sens pas plus gros qu'une poussière dans l'univers.

Ce que je n'ai pas avoué à Cosmo, en revanche, c'est que grâce à lui j'envisageais même d'abandonner mon pantalon en velours violet. Ça, il n'avait pas à le savoir : le succès lui serait monté à la tête.

Je ne vais pas mentir et raconter que tout était parfait. Je voyais bien que ma mère avait encore du mal à accepter beaucoup de choses. Cosmo s'est mis en quatre pour la rassurer.

– Ambrose est vraiment un garçon à part, Irène. Lui aussi, il m'a appris des choses. Il a vu en moi des possibilités que je ne voyais pas moi-même. Je me sens privilégié de le compter parmi mes amis.

Tout cela a fait pleurer Mme E. Elle a sorti son grand mouchoir et a soufflé dedans, avec un bruit d'oie du Canada. J'ai regardé ma mère, et vu qu'elle pleurait aussi.

– Son père était pareil, a-t-elle dit. Il voyait toujours le bien chez les autres. Les possibilités.

Ce qui a fait monter les larmes aux yeux d'Amanda, et même Cosmo a eu l'air tout ému. Alors j'ai commencé à penser à mon père, et au fait que c'était vraiment nul que je n'aie jamais pu le connaître, et bientôt nous nous sommes tous retrouvés en larmes. M. E a dû sortir de table pour aller regarder le sport dans l'autre pièce, parce que c'était trop d'émotions pour lui.

Après le dîner, tous les adultes se sont soûlés à l'ouzo. Au début, ils ont beaucoup ri, puis ils ont beaucoup larmoyé, au point que c'en est devenu gênant. Maman et Amanda se sont fait des excuses mutuelles, ce qui m'a paru un peu bidon, parce que je voyais bien qu'elles ne s'aimaient toujours pas trop. Enfin, à une heure du matin, j'ai dû traîner ma mère jusque chez nous. Tout en essayant de remettre ses chaussures, elle n'a pas arrêté de répéter d'une voix pâteuse : « Je vous aime, vous tous. » Elle a fini par prendre ses chaussures à la main pour redescendre pieds nus dans notre sous-sol.

Le lendemain matin, elle m'a dit que nous n'allions pas à Winnipeg, ni nulle part ailleurs. Elle m'a aussi averti que si je refaisais une fugue - ou toute autre tactique extrême pour obtenir ce que je voulais -, elle me pendrait par les pieds et m'étriperait.

Je pense pouvoir dire sans me tromper que c'était une menace en l'air.

Beaucoup de choses sont encore difficiles pour ma mère. Comme savoir que je monte en voiture avec Cosmo, à qui elle ne se fie toujours pas complètement. Elle m'a demandé de toujours m'asseoir à l'arrière et de boucler ma ceinture, parce que ce n'est pas un hasard si on appelle le siège passager « la place du mort ». J'ai promis, et Cosmo aussi. Je ne peux pas m'empêcher de remarquer que chaque fois qu'elle est en sa présence, elle observe ses yeux pour voir s'il est défoncé. Je suis quasi certain que Cosmo aussi l'a remarqué, mais il ne dit jamais un mot.

Elle m'a aussi fait promettre de ne pas retourner au mur d'escalade jusqu'à ce qu'elle ait les moyens de m'y emmener elle-même et de voir à quoi ça ressemblait. Et chaque fois que nous entrons dans un restaurant, elle fait encore tout un sermon aux serveurs à propos de mon allergie, ce qui m'arrange, en fait, parce que ça m'évite de le faire.

Mais elle ne me tient plus par la main pour traverser Broadway, et elle est d'accord pour que je continue de fréquenter le club de Scrabble. Elle est même venue une fois, en demandant à Jane de la remplacer à la fac. Quand elle m'a regardé jouer, j'ai vu qu'elle était sincèrement fière de moi, surtout lorsque d'autres participants lui ont dit combien ils appréciaient ma présence.

Hier soir (veille de mon anniversaire, donc), je suis allé en ville acheter mon premier stick de déodorant, parce que maman et moi étions tombés d'accord pour dire que je commençais à en avoir besoin. En rentrant, j'ai failli avoir une crise cardiaque lorsque maman, Cosmo, Amanda et les Economopoulos ont tous surgi de derrière le canapé en criant : « Surpriiiise ! » Maman avait fait un gâteau énorme, et M. E a fait griller des saucisses et des steaks au barbecue, dans le jardin. Les Economopoulos m'ont offert un chèque de cinquante dollars, et Mamie Ruth m'en a envoyé un autre de vingt, ce qui fait soixante-dix en tout. Amanda et Cosmo m'ont donné un Franklin : c'est une sorte de calculette pour les joueurs de Scrabble. On tape ses lettres, et le Franklin vous sort la liste complète des mots qu'on peut composer avec. C'est interdit pendant les parties, mais c'est formidable pour analyser son jeu après coup.

– Et nous avons encore un cadeau pour toi, m'a dit Amanda pendant que j'essayais le Franklin.

Elle a sorti de son sac un trophée du MEILLEUR ESPOIR tout neuf, identique au premier. Auquel j'ai attribué une place d'honneur à côté de la photo de mon père, sur ma table de nuit.

Juste avant que nous ne coupions le gâteau, Bob est arrivé. Ma mère et lui ne s'étaient pas vus pendant quelques semaines, après le stage de cuisine, mais un soir j'avais entendu maman lui parler à voix basse au téléphone, et je suis pratiquement sûr qu'elle s'excusait. Il m'a même apporté un cadeau : un livre intitulé *L'Attrape-cœur*. On dirait un titre de roman à l'eau de rose, mais il prétend que ce n'est pas du tout ça.

Et voici ce que maman m'a offert : un voyage à Calgary. Nous sommes partis tôt ce matin. Une fois là-bas, nous dormirons chez Mamie Ruth, et demain je participerai au tournoi de Scrabble de Calgary. Maman, Cosmo et Amanda m'y ont inscrit il y a des semaines, sans me le dire. Nous irons aussi camper un peu dans la montagne, après le tournoi. Ma mère a même emporté son appareil photo, pour faire des images de nature. Et, pour la première fois, je vais voir où mon père est enterré. Vous allez peut-être me trouver bizarre, mais c'est ce que j'attends avec le plus d'impatience.

– La blague que j'avais racontée à ton père, me dit-elle.

Je la regarde, perplexe.

– La photo que tu as dans ta chambre, tu sais ? Tu t'es toujours demandé ce que je lui avais dit pour le faire rire comme ça.

– Oui.

– Monsieur et madame Lefrigo ont cinq fils.

– ... ?

– Steve, Eudes, Hubert, Yann, Adam Lefrigo.

J'ai poussé un gémissement.

– Tu te fiches de moi.

– Je te raconte la blague ; joue le jeu, au moins !

– S'tu veux du beurre y'en a dans le frigo ? Et ça a fait rire papa, ça ?

Mais en le disant je me suis rendu compte que je riais aussi. Maman a souri.

– Ton père et moi, on riait tout le temps. La qualité de la blague n'avait aucune importance.

– Alors moi aussi, j'en ai une bonne pour toi. Monsieur et madame Sontractorogoroge ont un fils.

– Je donne ma langue au chat.

– Igor. I gore son tractor au goroge.

Une fois que j'ai fini de lui raconter mes dix plus mauvaises blagues de « monsieur et madame », je me retourne pour regarder par le pare-brise arrière. Cosmo et Amanda nous suivent dans la Camaro. Eux aussi vont participer au tournoi, après quoi ils rentreront tout droit à Vancouver, parce qu'ils ont du travail.

Pour la millionième fois de la journée, je fais coucou de la main à Cosmo. Et pour la millionième fois, il me retourne mon salut.

N I F

fi, if, in, ni

FIN

OLGARSESI

solaires, isoleras, rigolasse, argiles, aigres, asseoir, élargis

GLOSSAIRE

(Les mots ci-dessous ne figurent pas forcément tous dans les dictionnaires usuels, mais on les trouve assurément dans l'*Officiel du Scrabble*.)

Axolotl - Petit batracien du Mexique qui vit et se reproduit à l'état larvaire.

Azerty - Nom donné à la disposition des lettres spécifique au clavier des machines à écrire et ordinateurs français.

Conque - Gros coquillage dans lequel on souffle comme dans une trompe pour produire un son.

Exinscrit - Se dit d'un cercle qui est tangent à un côté d'un triangle et aux prolongements des deux autres côtés.

Ka - Dans l'Égypte ancienne, double spirituel de l'individu, qui naît en même temps que lui et lui survit après sa mort.

Opossum - Petit marsupial carnivore d'Amérique, capable de se suspendre par la queue et de faire le mort pour rebuter ses prédateurs.

Potasse - Minerai utilisé notamment pour fabriquer du savon.

Psoque - Insecte ravageur aussi appelé « pou des livres ».

Pythie - Dans la Grèce antique, prêtresse d'Apollon qui rendait les oracles au temple de Delphes.

Qi - Terme qui signifie « souffle » en chinois et représente l'énergie vitale.

Tagalog - Langue parlée aux Philippines.

Typote - Ouvrière typographique.

Ullucus - Plante comestible d'Amérique du Sud.

Uréthane - Produit chimique entrant dans la composition de matières plastiques.

Xi - Quatorzième lettre de l'alphabet grec.

REMERCIEMENTS

Remerciements spéciaux à Val Gallant et à tous les membres du Club de Scrabble de Vancouver pour m'avoir permis d'observer, telle une petite souris, leurs réunions habituelles ainsi que le tournoi de Vancouver. Contrairement à mes personnages, je n'ai jamais réussi à trouver le courage de jouer une partie contre eux. Je me dois aussi de remercier Stefan Fatsis, l'auteur de *Word Freak*, un livre délirant et excellent sur l'univers du Scrabble de compétition.

Je serai aussi éternellement reconnaissante à : Susan Juby, dont la générosité est sans limite ; Hilary McMahon, pour m'avoir acceptée et pour sa passion et son dévouement au quotidien ; Kathy Lowinger et Sue Tate, pour avoir vu le potentiel de cette histoire, et pour leurs observations pertinentes qui m'ont aidée à la rendre plus forte et plus intéressante ; Luther Wright, mon ami le plus « long », qui m'a gentiment autorisée à reprendre ses paroles de « Darlin' » ; mon mari, Goran, qui a lu un premier jet de ce texte et m'a assuré que je n'étais pas folle ; et enfin mon fils, Oskar, qui a accepté que je lui lise le manuscrit à voix haute - pas une fois, mais deux ! - et qui, après m'avoir fait des remarques très fines sur les dialogues, m'a dit que c'était son livre préféré. Les deux fois.

Du même auteur chez hélium :

Dear George Clooney, tu veux pas épouser ma mère ?

Le Journal malgré lui de Henry K. Larsen

On est tous faits de molécules

Les Optimistes meurent en premier

L'auteur

Susin Nielsen a commencé sa carrière en écrivant un certain nombre d'épisodes de la série télévisée *Degrassi Junior High*. Elle a ensuite adapté plusieurs épisodes en livres, formant alors le vœu d'écrire un jour des romans pour les adolescents. En 2006, Susin Nielsen a enfin mis son vœu à exécution en écrivant *Word Nerd* (*Moi, Ambrose, roi du Scrabble*), son premier roman original pour adolescents, publié par Tundra Books au Canada à l'automne 2008. En 2010 a suivi *Dear George Clooney, tu veux pas épouser ma mère ?* (son premier roman traduit en français, publié chez hélium en 2011). En 2013, est paru *Le Journal malgré lui de Henry K. Larsen*, suivi, en 2015, par *On est tous faits de molécules* et, en 2017, des *Optimistes meurent en premier*.

Susin Nielsen a un site, susinnielsen.com. Elle vit à Vancouver avec sa famille.

hélium

Pour nous contacter :

hélium
18, rue Séguier – 75006 Paris
Tél. : 01 45 87 99 15
info@helium-editions.fr

Pour envoyer votre projet de roman :
manuscritsfiction@helium-editions.fr

Diffusion Actes Sud

IMPRIM'VERT®

Cet ouvrage a été composé par IGS-CP
à L'Isle-d'Espagnac (16)

Imprimé en France en mars 2018 par Présence Graphique
à Monts.
Dépôt légal : mars 2012